当命运
来敲法律人的门

全宗锦——著

当代中国出版社
Contemporary China Publishing House

图书在版编目(CIP)数据

当命运来敲法律人的门 / 仝宗锦著. -- 北京 : 当代中国出版社, 2022.8

ISBN 978-7-5154-1193-4

Ⅰ. ①当… Ⅱ. ①仝… Ⅲ. ①法学—文集 Ⅳ. ①D90-53

中国版本图书馆 CIP 数据核字(2022)第 111907 号

出 版 人 冀祥德
责任编辑 高 山 邓颖君
责任校对 贾云华
印刷监制 刘艳平
装帧设计 马 帅 鲁 娟
出版发行 当代中国出版社
地 址 北京市地安门西大街旌勇里 8 号
网 址 http://www.ddzg.net
邮政编码 100009
编 辑 部 (010)66572744
市 场 部 (010)66572281 66572157
印 刷 北京中科印刷有限公司
开 本 880 毫米×1230 毫米 1/32
印 张 8.875 印张 1 插页 134 千字
版 次 2022 年 8 月第 1 版
印 次 2022 年 8 月第 1 次印刷
定 价 68.00 元

自序：昨日的法律世界

“当命运来敲法律人的门”这个书名来自2012年我在学校的一篇毕业致辞。但我好像已经忘记了当时的毕业致辞为什么会起这么一个题目，肯定不是模仿朱迪思的小说名《当命运来敲门》，因为当时我还没听过这本书。现在看来，命运来敲门云云，似乎显得有点过于温柔了。遭遇、降临、扑面而来、无所遁形，类似这样的词语也许才是命运应有的分量和状态。当然，最好的句子还得是茨威格在《昨日的世界》中引用莎翁的那句话，“我们命该遇到这样的时代”。

“法律人”这个词最近一些年我也用得少了。它似乎预设了存在一个“法律共同体”，其成员分享共同的知识、价值、情感和利益等。大约20年前，有学者还写过《法律共同体宣言》。但我越来越怀疑法律共同体是否真的存在。当我们使用它的时候，有几分不是为赋新词甚至自作多情？法官、检察官和律师大概不会真的以为他们同属一个共同体。法律教员倒是经常在学生面前使用这个词,但也知道毕业之后大家就像徐志摩的诗所说的一般:“你有你的,我有我的,方向;你记得也好,最好你忘掉,在这交会时互放的光亮!”

所以这个书名也许只是10年前我30多岁时某种情绪的表达。为什么现在没有选取一个更符合当下时势和心境的书名,除了想不出,更主要的是,这本书本来就是过去时日,特别是过去20年来法律世界旧文、旧帖的小集。昨日的法律世界,与昨日心境下的题目方才相配罢。

本书结构大致可以分为理想和技术两个部分,主要是受到美国法学家卢埃林的启发。他说,对法律人而言,只有理想而没有技术,那可能是愚蠢的;只有技术而没有理想,那可能是罪恶的。他的话告诉我们,有正义观念是重要的,但是问题的关键还在于能否将正义观念转化为权利技术;光有权利技术而没有正义观念,则有可能知识越多越反动罪恶。对法律人来说,更大的危险可能来自后者;而对常人来说,更大的危险可能来自前者。

收集在这本小书里的文字,有的是我在学校教学研究中的一些闲散篇什,但更多的则是我上网参与公共讨论中的若干“灌水”帖子。现在能将这些虽敝帚自珍，但显然非常粗糙浅薄乃至不合时宜的文字结集出版，需要感谢很多难以一一提及名字的师长和朋友，尤其要感谢高山先生和邓颖君女士的辛勤编辑。我也想借此机会感谢我的爱人，没有她的鼓励，我也很难有动力去翻捡这些多少令人有些惭愧的过往文字。

“凡是过往，皆为序章。”昨日的法律世界亦如是。

是为序。

全宗锦

2022 年 8 月 15 日于海口

目录

第一部分

理想

当命运来敲法律人的门

当青春已成往事

穿越回去对你说

重温耶林

托克维尔的学术与政治

普布利乌斯的不朽遗产

霍姆斯：“伟大的反对意见者”

……

第一部分 理想

当命运来敲法律人的门*

亲爱的同学们,大家下午好！何兵老师让我代表教师发个言,我深感荣幸但又诚惶诚恐。主要因为2009年、2010年两个学年我在国外学习,没有给今年毕业的同学们上过课。不过,正因为这样,我才格外珍惜在这个校园里第一次可能也是最后一次见到大家并表达深深祝福的机会。有一首歌叫《再不相爱就老了》,那我们再不见面可能就见不到了。而且大家知道,这是传说中的2012年。

2012年我们周围发生了很多精彩纷呈的故事:2月、3月、4月都有世所瞩目的大事,一直到5月的法大60周年校庆,6月的"神九"上天、"蛟龙"下海——以及

* 本文源自2012年6月26日笔者在中国政法大学法学院2012届研究生毕业典礼上的致辞。

今天在座同学们的顺利毕业。事实上,所有这些像电影一样的故事里,对我们教员而言,没有一件事比今天这件更意义重大,不仅在于我们教员作为配角也参与其中,更在于朴素日常的故事常常更深沉绵长。铁打的营盘流水的兵,铁打的这座教学楼流水的法大毕业生。事实上,这座营盘一样的教学楼恰恰昭示着,你们是我们存在的意义,没有你们哪有我们?亲爱的同学们,你们顺利毕业即将远行,请接受我们的诚挚祝贺和衷心祝福,也请记住我们期盼大家未来平顺安乐的殷切目光。

我和大家一样,从小到大参加过很多次毕业典礼,最近一次是在 2011 年。我现在常常翻看 15 年前我本科毕业身穿学士服的照片,甚至还特意把它扫描成电子版,偶尔传给朋友,就眼巴巴的等着他们说,“你当时还蛮帅的嘛!”然后我就心满意足地洗洗睡了。但是我自己也知道,所有这些定格生命的企图都是幻想,而我却一天天地变老和变丑(如果说以前也帅过的话)。当然,我现在这么说,不是出于嫉妒地想提醒大家,你们将来也会变老和变丑。我毋宁是想说,每一次毕业都是我们生命里的珍贵回忆,同时也提示着生命不舍昼夜地流逝,以及对一些人和事的无奈告别。当我们意识到这些的时候，就已经在思考生命的意义了。而法律人的毕业典礼，其实恰好提供了一个思考法律人群体命运和个体生命的机会。

我们法律人的命运，简单来说，无非是使我们身处的这个国家成为一个法治社会，让人民过上有自由有秩序有尊严的生活，就是江平校长所说的“法治天下”，我看它也印在今天大家穿的 T 恤上。这既是我们的理想，也是我们的利益所在。前不久教育部基于各个专业的就业率公布了红、黄、绿三个榜单，其中法学赫然处于警示的红榜之中。这里的原因方方面面，但我想其中一个重要原因是，国家的法治水平在很大程度上也制约着对法律人才的广泛需求。实际上，我们法律人群体的基本命运，至少现在，就是在法治未臻完善的国家里如何实现法治以及怎样生活的问题。但我觉得更为紧要的问题是，我们的国民，尤其我们法律人，是否真的将法治当作我们的使命？当命运来敲门的时候，我们是否真正做好了准备？或者，是否真正在努力去做准备？我们是否真的热爱法治社会，是否真的愿意自己的生活自己作主，抑或只是叶公好龙，或者机会主义，或者搭顺风车，甚至阳奉阴违？

我想说，也许只有真正热爱和信仰某种东西，我们才有机会接近它、获得它,大至国家的法治前景,小至个人的美好爱情,莫不如此。大家可能觉得这是大词和套话,但实际上很多大词恰恰是支撑人们信念和决定人们行动的关键力量。想想善良、诚实、勇敢、责任、自由、平等这些大词吧。今年感动国人的杭州司机吴斌师傅,黑龙江省的美丽教师张丽莉,他们能在关键时刻舍己救人,仔细想无非是基于本能的善良、勇敢和责任。所以我在想,我们法律人是不是也能有这种对法治理想基于本能的热爱和向往?想想看,有多少著名的知识人包括法律人曾经为某地某些破坏法治的事情呐喊助威吧。虽然人间正道是沧桑,但坚定地迈向法治其实并没那么容易。对法治理想的机巧反思常常可能赢得不少智识喝彩,但我们这个时代可能更需要视民主法治为天命并“择善固执”的朴拙精神。

不过,天命不是也不应该是外在的,只有当它融入我们每个个体的具体生命,才能变成鲜活的内在力量。同时,认识我们的生命,包括自己的禀赋和局限,也才能让我们在这条注定光荣的道路上开心幸福。

我很喜欢波兰导演奇士劳斯基(又译基斯洛夫斯基)的一段话,我愿意和大家一起分享并自勉:

我不断提醒那些跟我学剧本写作及导演的年轻人,必须审视自己的生命。不是为了写书或写剧本,而是为了自己。我总是对他们说,试着回想曾经发生过哪些重要的事,使你们今天会坐在这张椅子上,跟周围这些人在一起。发生了什么事?是什么把你带领到这里来?你必须明白这一点。那才是起点。

你不自省的岁月,其实都是被浪费掉的岁月。或许你可以凭直觉去了解某些事情,但这样一来,你所造成的结果也全是偶然的。只有当你努力自省,方能在事件中理出脉络,明白前因后果。

我也试着理解是哪些东西把我带到生命的这一点上,因为如果你不作这样真实、彻底且毫不宽待的分析,就不可能讲好一个故事。如果你不了解自己的生命,那么我想你也不可能了解你故事中任何个体角色的生命。哲学家明白这一点,社会工作者也明白这一点,但是艺术家更应该明白这一点——尤其是那些讲故事的艺术家。

我想说,对于注定要描绘共和国法律故事的我们来说,请大家尽力去了解自己的生命,去了解并承担这个国家法治理想赋予我们的责任吧。而我祝愿大家在此过程中能够感受事业的壮美和生命的欢乐。谢谢大家。

当青春已成往事*

尊敬的各位老师，新年好！很荣幸能在也许是法学院每年最隆重的一个场合发言。这是我参加的第5个年终总结会了。5年时间，对于在座的许多前辈老师来说也许微不足道，不过，在这5年，随着我对学校、学院、各位同事和众多同学越来越感到熟悉和亲切，我也从一个20多岁的年轻教师变成一个30多岁的不怎么年轻的教师。2004年秋季是我在法大任教的第一个学期，记得最后一次课正好赶上下大雪，我当时引用了《诗经》里的一句诗来形容那个学期的时光流逝，“昔我往兮，杨柳依依。今我来思，雨雪霏霏”。而5年之后的今天也许我可以说，“昔我往兮，青春年少。今我来思，人到中

* 本文源自笔者2009年1月11日在中国政法大学法学院年终总结会议上的发言。

年”。5年之间,我的青春也已经悄然溜走了。所以我今天想谈一下,当青春已成往事的时候,自己作为一名大学教师所面临的困惑和问题,以及可能的出路和贡献是什么。其实也是希望能够得到各位老师的指教。

2007年的时候,我参加了本科毕业10周年的聚会,我当时说,人的一生也许可以分为两个阶段,一个是青春的阶段;另一个是青春逝去的阶段,或者说对青春做无限无望追想的阶段。青春的时候也许可以依靠理想、热情甚至仅仅惯性度过,但是青春逝去的时候该如何度过?当理想遭遇现实,体力精力衰退,热情难以为继的时候该怎么办?什么才是支撑我们“向死而生”的动力?随着年龄的增长,经验固然相应增加,但是也越来越认识到自己的有限性,越来越认识到有些事根本做不到了,有些人根本赶不上了。阅读中国前辈学者的著作,不消说梁启超、胡适、陈寅恪、钱锺书这样百科全书式的人物,单单法学领域的人物比如王宠惠、吴经熊,包括刚刚去世的瞿同祖和王名扬先生,一方面固然获益良多,另一方面也会感到某种难以望其项背的绝望。当自己从前的积累、学养、背景也许注定不可能成为第一流学者的时候,二流或三流的学者是否值得成为穷其一生努力的方向和目标?当创造性成果无法做出,应景式的只对评职称有用但对社会和学术没多大用的文章是否应该去写？当周围的朋友都住上大房子、开上好车子，身为教师的我们能否过上外表体面、身心健康的生活？

我在念本科的时候，有一位老师叫何怀宏，他是一位很出色的学者。他当时跟我们讨论职业理想的时候讲，与其做一名“半瓶子醋”的学者，还不如去社会上做一些实事。不过尽管如此，他和后来的老师却又总是在激发我的学术兴趣，我后来还是继续念了硕士，又念了博士，一步步迈进了这个“窄门”。我后来回想，如果我没念硕士，也许会进机关或者留校；如果没念博士，也许现在就是法院的一名法官；甚至我如果没有和从前的女友分手，也许现在就在美国念书生活了。命运也许是偶然的，不过大概或多或少也可以反映性格的某种必然。我既没有机关工作的耐心，又缺乏生意人的精明，比较闲适甚至懒散，大学教师这个相对自由，能够与书为伍，同时又不至于因经济危机而裁员的职业可能正是最好的选择。

那么，面对前面所说的问题和困惑，什么才是可能的出路和贡献？最近我阅读或重温了一些著作，比如费希特的《论学者的使命》，爱默生的《美国的学者》，韦伯的《以学术为业》，还有学院给每个老师发的肯尼迪的

《学术责任》,还有一本书的名字比较有趣:弗雷勒的《十封信:写给胆敢教书的人》。我越来越认识到,摒弃完美主义的幻想,脚踏实地的一点一滴去做可能恰恰是这个职业最需要的(无论是做一名优秀的学者还是做一名出色的教师),也正是贡献的可能源泉。我每年在外国法制史课程结束的时候都要把胡适先生的《赠与今年的大学毕业生》那篇文章读给学生,其实胡适先生提到的几个药方比如“要寻问题”“要培养业余兴趣”“要有信心”“要首先反求诸己”等也适用于自己。胡适先生经常说,凡成就大事业的人,都是绝顶聪明同时又肯下笨功夫的人。而韦伯则说,一个人所取得的成就,在 10 年、20 年或 50 年内就会过时。这就是科学的命运,当然,也是科学工作的真正意义所在。这种情况在其他所有的文化领域一般都是如此,但科学服从并投身于这种意义,却有着独特的含义。每一次科学的“完成”都意味着新的问题,科学请求被人超越,请求相形见绌。任何希望投身于科学的人,都必须面对这一事实。在科学中的不断赶超,不但是我们每个人的命运,更是我们共同的目标。韦伯提醒我们“你生之前悠悠千载已逝,未来还会有千年沉寂的期待”。既然个体以及一切学术成就的宿命就是如此,那么执拗于虚幻的完美就根本既无必要,也无可能。甚至,对现状和历史清醒甚至冷峻的认知恰恰是热情和创造力的源泉。

在当下的中国,在一个尚在迈向法治的国家以法律为业,法学学者所承担的角色和使命也许更加复杂和艰难。一方面,我们需要做规范法学的法律解释学工作;另一方面,又需要做吁求法治的某种法律政策学努力。学术和政治之间,理想和现实之间的紧张关系或者始终会困扰着我们。而在当下的法大,由于近年来发生的包括教师和学生在内的一些悲剧,事实上也使得教师群体承受了额外的压力,面临着更大的责任。如何能在市场化和行政化的双重压力下维系某种师道尊严,如何能给彷徨迷茫的学生不仅在学业上,同时也在心智上给予恰当的指导和帮助,甚至,如何能在面对种种问题和困难的时候教师群体达成基本共识,这都构成重大而急迫的挑战。

如何应对这些挑战?此时,也许恰恰是我们每个人都可以而且应该思考生命和历史的时候:作为个体而言我们生命的历史,作为国民而言我们国家的历史,作为学者而言我们专业的历史,作为教师而言我们学生的历史。我想洞悉历史是迈向未来、迎接挑战的起点。说到这里,大家也许发现某种意义上我似乎是给我所在的法律史研究所做宣传。不过,其实历史的重要性本就无须宣传。因为我们每个人都会感受时光流逝、岁月轮替，都曾经有过青春，或者，正在享受青春。

再过十多天，岁月轮替中的金牛就要降临人间了。我衷心祝愿各位老师身体强健如牛，成果多如牛毛。谢谢大家。

穿越回去对你说*

亲爱的同学们，大家下午好！崔林林老师让我代表法律史研究所跟大家讲几句话。大家知道，毕业致辞并不是一件容易的事情，美好的祝福和有益的经验常常也都是老生常谈。

我是 2004 年到法大工作的，从那时起，每年本科生课程最后一次课我都会把胡适先生的《赠与今年的大学毕业生》那篇文章读给学生听。我之所以十二年来如一日地重复，一方面当然是认为胡适先生在这篇文章当中提到的几条经验非常重要，同时也是想着大概很少有学生会选两次我的同一门课，因为我的课程一般来说很难不及格。但我在研究生这边上课却从来没有这么干过，

* 本文源自笔者在中国政法大学法学院 2016 届研究生毕业典礼上的致辞。

今天当然也不能拿胡适先生的话来充数。研究生读书多,你们可能早就读过那篇文章,而且你们当中也许有些同学在本科时也上过我的课。那我应该对大家说些什么呢?

这几年我在本科生那边的开卷考试总是会出一道穿越题目:"外国法制史课程讨论了不同时间空间的诸多法律故事。假设可以自由选择,请问你最愿意生活在哪个时代、哪一地域,身为何种角色?你将如何生活?你认为你所知晓的哪些历史事实可能会影响你的穿越人生?为什么?"我在想,假设现在我有机会穿越回到自己二十多岁的时候再次生活,我"奔五"的灵魂最希望对自己年轻的身体说些什么。所以,我想对大家讲的,其实也是对自己说的,一个现实中再也不可能重回过去、重回青春的人充满艳羡地对梦境般美好的青春年少、意气风发的人们说的。

第一句话是,要努力。我自己其实是个比较懒散的人,我自己的生活态度也比较随遇而安。俗话说"缺什么补什么",所以我就希望,假如重新生活能够努力一些。大家今天面临的竞争压力更大,坦率来说,对于我们这些绝大多数家境平常的孩子而言,唯有努力才能让自己在社会上获得一个安身立命的位置,唯有扎实的知识和技能才能改善自己的生活,改变自己的命运。人的潜力其实很大,大家可能读过杰克·伦敦的小说《马丁·伊登》,一个语法粗糙的水手为了追求一位心爱的上层姑娘,可以几个月泡在图书馆里,语言和学识突飞猛进,最后成为作家。我前天还跟我的学生们说,想想看,假如我们每天能背 10 个单词,1 年就是 3000 多个,2 年就是 7000 个左右,5 年时间就接近 2 万了。我们所有的人学习英语大概都 10 多年以上了,可又有几个人能够掌握 2 万个单词?我们这些人智力上大概都不笨,实际上未来真正能够拉开差距的主要还是取决于努力和勤奋。大家可能会说,现在依旧还是"拼爹"的时代,但是哪怕一个阶层固化非常严重的社会依然会给个人上升留下空间。既然无法选择投胎,那么就不如求诸于己,而求诸于己才是最可靠也是最安心的。大家前段时间可能看过一部电视剧《欢乐颂》,里边的安迪可是从孤儿院长大的呢。

第二句话是,要诚实。我之所以提到这个,倒不是说我 20 多岁时是个虚伪的人,而是说我那时候可能没太真正理解诚实。待人诚实当然重要,但是更重要的也许是要诚实对待自己的内心。我们在年轻的时候追求爱情,经常说自己多么喜欢对方,可是扪心自问,这其中是不是有为求对方回应而虚夸的成分？有没有身体喜欢而灵魂没那么喜欢的情形，或者觉得灵魂和对方契合而身体其实并不怎么喜欢的情形？爱情如此，为人处世同理。查士丁尼《法学阶梯》中提到的法律基本原则第1条就是“为人诚实”。作为法律毕业生，我们将来很可能会面对一些天人交战的时刻，一边是职位和金钱，另一边是规则和道义，我们该何去何从？身为法官，假如检察机关把一件明显的冤屈案件起诉到你的法庭，你该如何判决？大家都知道王阳明先生，他是难得的文武双全、内外兼修的圣贤之人，他的学生在他临终之时问他有什么遗言，他说“此心光明，亦复何言”。这句话让我很感动。人生天地间，生年不满百，无论如何都会赤条条来去，我希望大家都能记住阳明先生这句话，正直诚实，磊落光明地度过一生。

第三句话是，要好好锻炼身体。我妈妈快80岁了，一年四季无论什么时候给她打电话，她总是对我说，天气忽冷忽热的，一定要注意身体。还总是说，你正处在好的年纪，要好好珍惜。其实，我已经有老之将至的感觉。颈椎、腰椎常常会不舒服，今年牙齿松动也拔掉了两颗。我在想，如果我年轻的时候好好锻炼身体，以及好好保护牙齿该多好。我想大家的父母对你们肯定也经常叮嘱类似的话,但可能又经常被我们当作耳旁风。我们也不时会听到一些朋友英年早逝的消息。所以希望大家一定要注意锻炼身体。无论多么重要的使命,多么高远的理想都需要依赖我们这具沉重的肉身,而它其实又是最难伺候,最容易作怪的。自由而轻盈的灵魂需要以纪律化的不自由的身体塑造为前提,我希望大家在年轻的时候都能理解这一点。

这就是我最想对穿越回从前的自己,以及无须穿越而正当最好年华、最美青春的你们说的几句大白话:要努力,要诚实,要好好锻炼身体。作为教员,对待自己的学生,其唠叨程度可能就像作为父母对待自己的孩子一样。我自己的孩子再过一个多月也将要来到这个世界,我想我将来也会对他不厌其烦地说同样的话。亲爱的同学们,我热烈祝贺你们的毕业,我衷心祝福你们的未来。谢谢大家。

重温耶林[*]

尼采在《历史对于人生的利弊》一书中谈到，历史对人所能发生的作用有三种：第一种是纪念的作用，过去的伟大人物或事件浮荡在我们面前，鼓舞我们努力，使我们知道，这些伟大不是不可能的；第二种是用好古的方式去看历史，人们怀着一种虔敬的心去探讨与过去的关联，这也是有益于人生的，只要它不流为对过去的不加选择的称颂，不流为盲目的保守；第三种是批判的态度，这是摆脱历史加在我们身上的种种束缚，使人身又得到自由的余地。事实上，“法律史中的法律家（包括其思想和行为）对于法律人人生的意义”这一命题，或许也可作如是观。尼采说，“的确，我们用得到历史，但是我们用它，与知识的花园中的娇惯的闲游者所用的不

---

* 原载《中国法律人》2004 年 11 月号“法律家”专栏。

同……我们用它是为了生活和行为，不是为了舒适地离开生活和行为，或者甚至于用以美化自私的生活和懦弱而恶劣的行为”。

倘若由此出发，19 世纪德国伟大法学家耶林（1818—1892 年）的著作，特别是其不朽名篇《为权利而斗争》也许是激励法律人生活和行为的最好读物了。而在当下，法学研究领域中过分强调民族性而轻视普遍性的价值取向，过分强调法律的经验处境而忽视法律的规范努力和建构作用的思维方式，以及与之相应的在法制实践领域中过分强调和平性而漠视斗争性的绥靖风气，这些都使重温耶林及其著作获得了另外的崭新意义。

耶林生于德意志北部的一个小镇上，父亲是一位执业律师。1836 年他进入海德堡大学，后又连续在柏林、哥廷根、慕尼黑等大学接受法律教育（这种游学方式曾一度流行于德国学生中）。耶林获得博士学位后，于 1843 年在柏林大学通过论文审查获得教职，并于次年在该大学教授罗马法。随后，历任巴塞尔（Basel，1845 年）、罗斯托克（Rostock，1846 年）、基尔（Kiel，1849 年）、吉森（Giessen，1952 年）各大学的教授。当时在德国法学界，萨维尼的学说依然具有支配性的影响，因此，耶林在 1852—1863 年陆续出版的《罗马法的精神》（全

4卷)以其卓尔不群为他赢得了巨大声誉。1868年,耶林接受了奥匈帝国首都维也纳大学罗马法教授的讲席,在这里的4年间,他的授课堂堂爆满,听众中不仅包括固定的学生,而且包括许多慕名而来的社会各界人士甚至政府上层官员。耶林交友广泛,热爱艺术、音乐,于是他成为当地法律界、政界以及艺术、社交界极受欢迎的人士。由于耶林对奥匈帝国法律教育的贡献,奥匈帝国遂授予耶林一个世袭的贵族爵位,这是过去在德、奥学术界极少数非因政治或军事贡献,而是因学术成就——尤其是法学和其他人文社会科学,被授予爵位的例子。为了逃避逐渐令人厌倦的社交活动以及过重的教学压力,耶林于1872年返回德国并进入哥廷根大学,在这里他一直工作到去世。在离开维也纳前,耶林在维也纳法学会上发表了一篇演讲——《为权利而斗争》。这篇演讲获得了极大的成功,2年内即印到了12版,此后又被译为20多种文字。在他生命的最后20年间,他又出版了他的宏伟巨著《法的目的》(全2卷)。耶林以其不朽成就,得以与萨维尼、祁克并列,成为19世纪西欧最伟大的法学家,也是新功利主义(目的)法学派的创始人,其思想不仅对西欧,而且对全世界都产生了巨大的影响。

《罗马法的精神》是耶林的早期著作，在该书中，耶林首先批判了历史法学派关于“法的素材源自存在于国民自身和其历史之间最深层的本质”的观点，认为应从正面来认识法的继受和同化的可能性。他说：“如果科学不决心把普遍性的思想与民族的思想作为同质之物一视同仁、并行不悖，就无法把握科学自身所处的世界。”它不仅会使法学沦为“国土法学”的田地，还会使法学的学术境界下降到政治的境界。对于学问来讲，这是一种卑躬屈膝，有失身份的形象。因此，他竭力倡导一种比较的普遍法律科学。实现这一法学的方法就是比较法学的方法。“它的眼界将是更广阔的，判断将是更成熟的，对资料的处理将不会受到约束。”他关心的是通过对罗马法的历史进行批判的检讨，将罗马法中“不变并且普遍的要素”从“变化的、纯粹是罗马的要素中”抽取出来，作为各文明国家共通的法的原理。西方学术界一般认为，《罗马法的精神》是耶林著作中“最有价值、最有独创性的作品，它是以广博的知识写成的，充满了独到的见解”。尤其是耶林在该书中对罗马法的精神（也即“不变并且普遍的要素”）的表述，对制定法的重要地位的强调，对法的技术价值的肯定和分析，以及关于权利的定义等，后来都成了他创立的新功利主义法学的基础性内容。在某种意义上,《罗马法的精神》也是对孟德斯鸠《论法的精神》一书中的基本思想的继承和展开。

《法的目的》对《罗马法的精神》所提出的论点作了进一步的展开,通过该书,耶林既为他关于法的定义即“法是国家权力通过外部强制手段来保证其实现的最广义的社会生活条件的总和”进一步提供了理论基础,也为克服只重视逻辑、形式和概念的“概念法学”的缺陷,以及强调个人利益和社会利益相结合的新功利主义法学出台创造了条件。事实上,耶林法律哲学的核心概念就是目的。他在另一部著作的序言中指出,“本书的基本观点是,目的是全部法律的创造者。每条法律规则的产生都源于一种目的,即一种实际的动机”。他宣称,法律是根据人们欲实现某些可欲的结果的意志而有意识地制定的。他承认,法律制度中有一部分是根植于历史的,但是他否认历史法学派关于法律只是非意图的、无意识的、纯粹历史力量的产物的论点。根据他的观点,法律在很大程度上是国家为了有意识地达到某个特定目的而制定的。

在关于概念法学的态度上,耶林的理论取向在前期和后期有所不同。在《罗马法的精神》第2卷第2部中,耶林对正统的德国法学的看家本领“概念计算”技术还是推崇备至,仅仅3年之后,他就在一篇匿名发表的评论中对民法解释的神秘性进行冷嘲热讽并且借用他人的口吻作了一点“自我批评”,不过此时他的批评并不彻底,因为1861年他发表的被誉为“法学上的发现”的《缔结契约上的过失》一文,依然将“概念计算”的解释方法运用得非常纯熟。不过,到19世纪70年代以后,他开始公然对概念法学提出挑战,他主张克服形式主义解释的弊端,根据功利的要求自由地进行社会利益的衡量和调整。

耶林的上述理论取向发人深省,他提示我们注意:耶林对概念法学形式主义的批评,并将社会事实、环境条件等经验性因素引入法律体系,并不意味着他就此滑向强调民族性的价值取向,也不意味着他忽视制定法的建构作用,也就是说,强调经验性完全可以与探求各文明之间法的普遍原理的一般性共存,经验性并不等同于民族性,经验性也并不等同于忽视法律的建构性。国内法学界自20世纪80年代末,特别是90年代以来,一些学者为克服概念法学的缺陷作出了重要贡献,这种强调关注中国实际经验的取向无疑值得赞许,但问题是,关注中国的实际是否就意味着强调中国的民族性和“本土资源”?无疑,中国的实际当然包括中国的民族性和“本土资源”,但我们能否同时以一种开放的心态来探寻那些“各文明国家共通的法的原理”?

耶林的《为权利而斗争》是他在世界范围内引起轰动的著作。早在1937年,吴经熊先生在他的《法律哲学研究》中已向中国学术界作了推荐。此后,萨孟武教授也大力宣扬该文,并节译刊于他的《孟武自选文集》中。后蔡震荣与郑善印两位先生终于将其全部移译,并于1993年以《法(权利)的抗争》为名在中国台北三峰出版社出版。1994年,中国大陆的胡宝海先生根据日译本又将其译为中文,并刊载于梁慧星先生主编的《民商法论丛》第2卷中。至此,中国大陆法律人方能便利地一睹此文全貌。当然,遗憾的是,耶林有更多的著作尚未见于中文,甚至英文,连哈特都称耶林著作英译本的缺乏为“一出知识悲剧”。

意大利著名作家卡尔维诺曾这样定义经典作品:“一部经典作品是一本每次重读都好像初读那样带来发现的书,是一本即使我们初读也好像是在重温我们以前读过的东西的书,是一本从不会耗尽它要向读者说的一切东西的书。”耶林的《为权利而斗争》正是这样一篇经典文字。王泽鉴先生将该文置于他的《民法总则》之首,并称“余特别爱好是书富有感情,而且创见极多,能够说出别人所不能说出的话……‘法律的斗争’（我国台湾地区译名）可作为初习民法的‘精神教育’”。

《为权利而斗争》共分为6章，标题分别是“法的起源”“斗争是法的生命”“为权利而斗争是对自己的义务”“主张权利是对社会的义务”“为国民生活权利而斗争的重要性”“现代罗马法与为权利而斗争”。耶林的论点虽然富有激情，但其论证方式却绝不空洞，绝不意识形态，其结论雄辩而有力，令人振奋。

耶林在文中开宗明义，他说，“法的目标是和平，而实现和平的手段是斗争。只要法必须防御来自不法的侵害——此现象将与世长存，则法无斗争将无济于事。法的生命是斗争，即国民的、国家权力的、阶级的、个人的斗争”。耶林在文中雄辩地批评了萨维尼所认为的“法的形成同语言的形成一样，是在无意识之中，自发自然形成的，既无任何角逐，亦无任何斗争”这一观点。耶林的文字提醒我们，不要安稳地沉浸于所谓的“自生自发演进秩序”的幻景之中，而要靠斗争去争取权利，去呼唤法律。

不过，我们不要以为该文仅仅对普通民众具有召唤意义，事实上，该文也对国家具有启发意义——假如他们愿意被启发的话。耶林说，一个“对外保有威信，对内坚如磐石的国家再也没有比国民法感情更宝贵、更需要培育、奖掖的财产了。这是政治教育的最高且最重要的任务之一。只有每个人的健全有力的法感情才是国家力量极为丰富的源泉,得以自立于国内外的确实保证”。“民族力量与法感情的力量为同义语,培养国民的法感情就是培养国家的健康和力量,当然这种培养不是学校和课堂上的理论培养,而是把正义原则实际地贯彻于一切生活关系。”耶林在文中还提到了19世纪的中国,他说,“因此一个民族对内对外的政治地位与其道德力量相应这一命题永远正确——中国只要保留对成年孩子加以管束的戒尺,纵使拥有几亿民众也绝不会占据小国瑞士对他国所拥有的国际法上受尊敬的地位”。耶林这句话明白无误地告诉我们,真正的大国地位并不取决于其众多的人口和广阔的疆土,而是与其道德力量直接相关;倘若一个国家无法很好地保障国民的生命、自由和财产,那他永远无法赢得文明国家的真正尊重。

无论如何,简单的介绍当然无法代替对原文的直接阅读。在这个对经典作品“提及多于读过”的年代里,我深信,阅读耶林不仅可以丰富我们的智识,而且还能激励我们的行动。阅读耶林的《为权利而斗争》仿佛是在聆听贝多芬的《命运交响曲》,他们都激励我们要“扼住命运的咽喉”。耶林在文章结尾引用诗人歌德的话说,“人必须不停地开辟生活与自由,然后才配有生活与自由的享受”。

托克维尔的学术与政治*

托克维尔(1805—1859年)如今已为法律学者频繁引用。有趣的是,他经常被冠以“政治学家”“社会学家”“历史学家”,却很少被称为“法学家”,而在通常的法律思想史著作中,他的名字也难得一见(如中国几乎所有的西方法律思想史教材,甚至2002年法律出版社出版的西方学者凯利的《西方法律思想简史》中也没有)。与此形成对照的是,法国百科全书派、空想社会主义者的法律思想倒常常在这些著作中有专节讲述。不过,我们不要忘记,托克维尔可是学法律出身,并且当过几年法官的,他的主要著作的核心命题虽非法律,却与法律有直接关联,他的性格与气质、学术与政治恰恰体

---

* 简略版曾以《重温托克维尔》为题发表于《瞭望东方周刊》2005年1月。

现了他自己所阐释的法律家的贵族精神。

新近翻译出版的《托克维尔回忆录》(商务印书馆2004年版)使我们获得了重温这位伟人的机会。这本书的编者吕克·莫尼埃在导言中说,“回忆录具有双重意义:它是一位既是一出重大历史剧的观众又是其演员的人关于这出历史剧的证言。”倘若“放宽历史的视界”,在历史的“长时段”中我们对托克维尔的重温是否意味着我们自身是观众,而托克维尔是演员呢?另外,我们在观察先贤演出的时候,自己是否同时又是当下历史中的演员呢?如果答案是肯定的,那么做好观众是否有助于我们做好演员,抑或像黑格尔叹息的“我们从历史上知道,人们从不向历史学习”?

托克维尔生于法国一个古老而显赫的贵族家庭。他的曾外祖父马尔泽尔布在狄德罗主编百科全书时曾任图书馆馆长,在大革命的恐怖时期挺身而出为国王路易十六担任辩护律师从而被全欧贵族奉为偶像,辩护失败后路易十六被送上断头台,连同托克维尔的外祖父也被一并处死。托克维尔的亲生父母则在新婚蜜月时期被革命政府逮捕判处死刑,仅仅因为在等待处决时雅各宾专政倒台才虎口余生。此后他的父亲当过几个省的省长。对这样的家庭来说,波旁王朝的复辟是对他们在大革命时期遭受的苦难和对拿破仑屈从多年的最好补偿。在年轻的托克维尔心中,从上学读书开始就生长出了自由主义的萌芽。他1823年去巴黎学习法律,1827年出任凡尔赛初审法院法官,1830年的七月革命加强了他认为社会必须走向民主的信念。因在效忠奥尔良王朝的问题上与拥护已被推翻的波旁王朝的家庭有意见分歧,以及为避免七月革命余波的冲击,而与好友博蒙一同申请停薪留职,要求访问美国,并答应回国后对美国的新监狱制度提出报告。当然,托克维尔本人对改革监狱制度也很关心,他想提出建议,改革已在法国引起激烈争议的刑法典。不过,写一本书论述美国,对这个"人人都在谈论但谁也说不清楚"的新兴国家的民主制度进行考察可以视为他的主要目的。而在当时,一个作家倘若能就这个题目成功地写出一部作品,他就很有希望一举成名,因为他要说明"民主"一词的含义,而"民主"这个词甚至当时在法国也被一小撮有名的空谈理论家说成是"完全过时的了"。托克维尔想在那里发现美国生活方式中一些使法国采用后既能保持国家强大又能顺应走向平等潮流的因素。他们在1831—1832年对美国进行了为期9个月的访问。不久之后,博蒙因拒绝为一个政治丑案辩护而被撤职,为了声援博蒙,托克维尔辞去了法官职务。1833 年,他与博蒙写出《关于美国的监狱制度及其在法国的运用》的报告。1835 年,托克维尔的《论美国的民主》上卷出版,获得巨大成功。1939 年,他被选为人文和政治科学院院士,并当选为众议院议员。1840 年,《论美国的民主》下卷出版。1841 年,他被选为法兰西学院院士。1842—1848 年为芒什省议员。1848 年二月革命后,托克维尔任制宪议会议员,参加法兰西第二共和国宪法的制定工作,并被选为新宪法实施后的国民议会议员。1848 年 6—10 月,出任第二共和国外交部长。1851 年 12 月因反对路易·波拿巴而退出政界。1850 年开始撰写回忆录,但在其死后 34 年才第一次出版。1856 年出版《旧制度与大革命》。1859 年逝于戛纳。

托克维尔的生平展现了个体所能达到的思想和实践高度,特别是学术与政治彼此纠缠的具体历史处境。可以看到,托克维尔的学术著作始终蕴含着政治关怀,而政治生涯又反过来影响着他的思想和学术,二者共同构成了他人生的“志业”。在托克维尔的三部主要著作(《论美国的民主》《旧制度与大革命》《托克维尔回忆录》)当中,前两部著作包含了他的基本学术思想,而后一部著作则集中反映了他的政治理念。

《论美国的民主》与《旧制度与大革命》都从提问题开始：前者旨在回答“为什么美国的民主社会是自由的民主社会”，而后者试图回答“为什么法国在朝民主演变、保持自由的政治制度过程中，经历了那么多苦难”。结果却勾勒出了两个完全不同的民族画像，尽管这两个民族在某种意义上注定会有共同的命运。法国和美国都没有避开把近代社会卷入民主制的不可抵抗的运动。托克维尔在《论美国的民主》绪论中说，“身份平等的逐渐发展，是事所必至，天意使然。这种发展具有的主要特征是：它是普遍的和持久的，它每时每刻都能摆脱人力的阻挠，所有的事和所有的人都在帮助它前进”。“如果说我们今天的人通过长期的观察和认真的思考，知道平等地逐渐向前发展既是人类历史的过去又是人类历史的未来，那么，单是这一发现本身就会赋予这一发展至高无上的上帝的神启性质。因此，企图阻止民主就是抗拒上帝的意志，各个民族只能顺应上苍给他们安排的社会情况。”不过，这些话并不意味着托克维尔认为人完全被迫受制于决定论。他认为，民主虽然是我们时代的天意和宿命，但在政治体制中给各种体制都留下了余地，尤其是它不在自由和专制之间作出决断。因此，托克维尔的努力似乎就在于劝诫人们实现上帝奖赏给他们的最佳命运——人们不能决定条件是否将是平等的，但平等将导致恶果还是善果、奴役还是自由却是人们自己的责任。也就是说，对上帝所安排的历史进程的清醒反思就在于，民主条件的必然胜利可能以一种人类的奴役状态而告终，也可能以人类的自由状态而告终，而问题的关键在于人类能否利用民主条件的种种可能性，使之有利于自由。为了这个目的，托克维尔呼唤“新的政治科学”，即适应由平等的实现所引发的新的社会条件的政治科学。于是，在迈向平等的趋势下如何实现自由就成为托克维尔思想的核心命题和主要关怀。

由此我们可以发现托克维尔的问题既是历史的，又是永恒的，它与现代性的基本问题直接关联起来。之所以是历史的，是因为思想家本人把它与现代社会民主化的明显事实联系在一起。之所以是永恒的，是因为平等和自由之间的矛盾或协调是人类社会在任何时代都要面临的问题。托克维尔接受了平等，因而也不得不认可其不可避免的伴随物，即个人主义。他认为，民主社会向下拉平了身份的平等；身份的平等正使传统的精英部分逐渐消失并破坏社会的良好风尚；个人在权力更加集中和更加强大的政权面前更加孤立、更加软弱无力和麻木不仁；公民养成凡事依靠国家的习惯，不知不觉地丧失独立思考和行动的能力;人民为了得到安定生活和物质福利而急于将自己的一些权利让给国家,而国家也鼓励这种使独立的个人更加软弱无力的趋势。平等和个人主义颠覆了人们对公益的关切,而民主的问题则需要在平等和个人主义的基础上重建公民精神。于是,对托克维尔来说,参与政治就成了一种践行公民精神的社会义务和道义责任,他的学术与政治就此联系起来。

事实上,托克维尔的《论美国的民主》一书主要或直接是为民主的支持者和反对者而作的。托克维尔试图节制前者的热情和缓和后者的恐惧。结果便产生了这样一部颇具政治家风度的著作,从中两派都可以找到一些安慰,也都看不到太多的冒犯。

不过,尽管托克维尔试图以学术影响政治,但正如《托克维尔回忆录》所揭示的那样,政治给托克维尔带来的失意,大于他从中得到的满意。他在众议院没有取得他试图获得的地位、作用和成功。但他一直积极工作、积极参与辩论和在会上发言,有些发言后来成为名文(如 1848 年 1 月 27 日在众议院的发言,其中有脍炙人口的语句“我认为我们现在正躺在火山上睡大觉”)。他信守自己的政治原则,在一封给友人的信中说道:“人们都殷切希望我成为一个有党派的人,而我决不这样。人们叫我振奋精神,而我则只认为,与其振奋精神,不如爱自由和珍惜人的自尊。在我看来,各式各样的统治形式,只能是比较完善地满足人的这种神圣而合法的激情。"这段思想表白,可以视为托克维尔的政治和道德抱负的总结。

马克斯·韦伯在他著名的《政治作为一种志业》的演讲中提到,就政治家而言,有三种品质是绝对重要的:热情、责任感和判断力。热情指的是对事的献身,责任感代表对这件事的坚持,而判断力则是心沉气静去如实面对现实的能力,换句话说,也就是一种对人和对事的距离[①]。这三种品质在托克维尔的身上都可以发现。在法国60多年来经过几次革命以后,托克维尔认为共和国是现实建立明智而公正的自由的最后机会。他曾毫无私心地为此服务,也曾竭尽一切力量在自由受到威胁时去巩固自由。但他的努力终于没有结果,路易·波拿巴的专制政体还是建立了。

实际上,在1848—1851年这一段时期里,法国比19世纪的其他任何历史时期,都更多地经历了一场类似

① [德]马克斯·韦伯:《学术与政治》,广西师范大学出版社2004年版,第252页。

20世纪的政治斗争。人们可以看到20世纪所称的法西斯主义者、多少有些自由主义倾向的民主主义者和社会主义者这三派之间的斗争。而类似的情形也曾在1920—1933年的魏玛德国时期看到过。在路易·波拿巴当选之后，托克维尔自然而然地预料到将会出现帝国复辟，革命将不可避免地产生专制制度，但他依然“明知不可而为之”地与其作斗争。然而，在历史的吊诡面前，个人又能起到多大作用呢？他终于放弃了政治生活，转而投身写作。托克维尔从政治的喧嚣又回归到学术的宁静之中。

雷蒙·阿隆说，托克维尔在他最后一部著作中的文字曾让包括他在内的许多人颤栗发抖：“一个人，假如他所属的民族有善于享用自由所必需的品性，却生来奴颜婢膝地仰赖某个同类人的好恶，而不去遵循他亲身参与制定的法律，试问这样的人是一种什么人？这种人我认为并不存在。专制者本人也不否认自由是美好的，只不过唯独他才配享有自由；对此大家并无歧义，分歧在于对人的尊重程度；因此严格来说，人们对专制政府的爱好同他们对国家的轻蔑是完全一致的。”

这不禁令人联想到陈寅恪先生曾经说过的一段话，“西洋各国中，以法人与吾国人习性为最相近。其政治风俗之陈迹，亦多与我同者。美人则与吾国人相去最远，境势历史使然也”。[1] 其中关于法国、美国和中国的对比隐然与托克维尔的著述相呼应。或者可以设想，托克维尔倘若来论中国，又当如何？

① 吴学昭：《吴宓与陈寅恪》，清华大学出版社 1992 年版，第 7 页。

普布利乌斯的不朽遗产*

在古希腊作家普鲁塔克的笔下，普布利乌斯是一位挽救了共和国的高尚优秀的英雄，是共和制的坚定信仰者。他遇事维护正义，正直敢言、肝胆相照；每临救穷济困，他慷慨大方、乐善好施。他大权在握和身居高位，却能倾听坦率诚挚之言，不为阿谀奉承所动。他不仅希望自己，也希望执政机构抛掉凛凛的威风，谦恭和悦地对待大众，因此他废除了侍从官束棒上的斧头，并且当他来到人民集会的会场时，侍从官的束棒都要朝着人民大众倾斜低垂，以此着重表明民主的威严。人们愉快地服从他，心悦诚服地接受他的治理。人们称呼他为"普布利科拉"，意即"人民敬爱的人"。古罗马史家李维在其《罗马史》中描述道："(他)在战争与和平的艺术方面被

---

* 原载《中国法律人》2004 年 12 月号"法律家"专栏。

海内外公认为最杰出的罗马人,正当他处于荣誉的顶峰时,与世长辞了。但是他经济拮据,缺少殡葬的费用。罗马公民一致同意共同出钱殡葬他的遗体。妇女们也私下一致同意为他致哀整整一年。"

若干年后,"普布利乌斯"成了亚历山大·汉密尔顿(1757—1804)、约翰·杰伊(1745—1826)、詹姆斯·麦迪逊(1751—1836)三人为争取美国新宪法草案获得批准而在纽约报刊上撰文的共同笔名。1787 年制宪会议刚刚开过,汉密尔顿立即投入了一场艰巨的任务,以保证纽约州对新宪法的批准。他先约了杰伊,然后在邀请其他人碰到钉子后又找到了麦迪逊,三人共同合作,对新宪法的内容和意义作出了阐明和评论。这些文章主要出自汉密尔顿和麦迪逊之手,杰伊只写了很小的一部分。尽管两位主要作者在个人意见甚至在后来的事业中都有很大的分歧,但崇高的公共品质使他们在《联邦党人文集》中保持了基本观点的一致。事实上,制宪会议产生的新宪法草案本身就是一个各方意见的妥协文本,它和任何一位制宪会议代表原来的想法都不相同。

汉密尔顿选择"普布利乌斯"这个笔名并非偶然,他对笔名的起法相当重视,认为笔名必须能够表达作者的意图。在"普布利乌斯"出现之前,出现过一系列署名

“恺撒”的倡导宪法的文章，但遭到了冷遇。因此，汉密尔顿希望他们能以普布利乌斯而非恺撒为榜样为自己的国家尽心竭力：虽然恺撒和普布利乌斯都是强者，但前者毁灭了一个共和国，而后者则以自己的勇敢、智慧和美德拯救了一个共和国。

18 世纪的普布利乌斯同样成功了。不仅如此，他还为后世留下了不朽的思想遗产。托克维尔说：“《联邦党人文集》是一部好书，尽管它是专为美国而写的，但亦为全世界的国务活动家所必读。”不仅如此，事实上正如阿克曼教授所说，“不仅值得美国人读而且值得所有思想者读”。普布利乌斯提出的问题至今依然振聋发聩：“人类社会是否真正能够通过深思熟虑和自由选择来建立一个良好的政府，还是他们永远注定要靠机遇和强力来决定他们的政治组织？”

在《联邦党人文集》的第 1 篇文章中，普布利乌斯列出了自己一系列文章的提纲：(1)联邦对你们政治繁荣的裨益；(2)目前的邦联不足以维持联邦；(3)为了维持一个至少需要同所建议的政府同样坚强有力的政府的必要性；(4)新宪法与共和政体真正原则的一致；(5)新宪法与你们的州宪法是相似的；(6)通过新宪法对维持那种政府、对自由和财产的进一步保证。普布利乌斯提纲中的前三个之下的文章主要涉及一个主题:如何对待联邦这个急迫的政治问题——说明联邦的可行性,邦联的缺陷,以及何种政体才能实现联邦的目的。其余的文章则都是说明,他所倡导的新宪法领导下的联邦是适合上述目的的,这个宪法与共和政体的真正原则是相符的。后面这点可以视为普布利乌斯最艰巨的政治任务,同时,这也是他最重要的理论学说。我们可以发现,在全书中,上述提纲(1)共有 14 篇文章,提纲(2)共有 8 篇文章,提纲(3)共有 14 篇文章,提纲(4)共有 48 篇文章,而提纲(5)和提纲(6)合起来只有 1 篇文章。因此,《联邦党人文集》的宗旨在于倡导一个崭新的真正共和体制,同时对与此有关的联邦架构的性质作出回答。

普布利乌斯的这种写作策略与当时关于宪法争论的具体背景直接相关。当时关于新宪法的争论焦点,基本不涉及在君主制、贵族制或共和制几种政体之间的选择问题,因为独立以来,美国邦联中的 13 个州事实上分别都已采纳了共和制。联邦党人与反联邦党人的争论核心在于是否削弱和降低各州的权力,以及巩固和加强中央联邦政府的最高权威。反联邦党人认为,唯有州政府,而非某种庞大的中央政府,才能有效地实行自由和共和政体,而这个论点的理论基础则是一个被广泛相信的观念，也即孟德斯鸠的理解：只有小型的国家才能享受共和政体。孟德斯鸠说过："一个共和国，如果小的话，则亡于外力；如果大的话，则亡于内部的邪恶。"因此，普布利乌斯的根本任务并不在于仔细论证共和制的优点，而在于证明联邦新宪法草案比原来的邦联体制更符合共和的真正原则。

普布利乌斯在第9篇中通过纵观政治史分析了古典共和制的弊端。他指出："在阅读希腊和意大利一些小共和国的历史时，对于一直使它们不安的骚动，以及使它们永远摇摆于暴政和无政府主义这两个极端之间连续不断的革命，没有恐怖和厌恶的感觉是不可能的。如果它们显示出偶然的平静，那只不过是接着而来的狂风暴雨的暂时对照。假如时常出现幸福的间歇，我们看到时还是有惋惜之感，因为想到我们眼前的愉快景色不久就会被暴乱和激烈党争的巨浪所淹没。"不过，普布利乌斯深信共和国中的自由和秩序可以兼得，他说："专制政治的拥护者，从玷污那些共和国历史的动乱中提出论据，不仅反对共和政体的各种形式，而且反对公民自由的原则。他们诬蔑一切自由政府都是与社会秩序不相协调的，并且对自由政府的赞助者表示幸灾乐祸。对人类来说，幸运的是，在自由的基础上建立起来、多年来欣欣向荣的巨大组织,用少数光荣的事例就驳倒了他们的悲观诡辩。我相信,美国将是另外一些同样壮丽的大厦的广泛而坚固的基础,这些大厦将是他们的错误的同样永久的纪念物。”

普布利乌斯在著名的第 10 篇文章中陈述了“医治共和政府最易发生的弊病”的良方。对普布利乌斯而言,治理的主要问题是对“党争”的控制。他理解的“党争”就是“一些公民,不论是全体公民中的多数或少数,团结在一起,被某种共同情感或利益所驱使,反对其他公民的权利,或者反对社会的永久的和集体的利益。”他说,消除党争危害有两种方法:一种是消除其原因;另一种是控制其影响。其中,消除党争原因又可以分为两种方法:一种是消除其必不可少的自由;另一种是给予每个公民同样的主张、同样的热情和同样的利益。关于消除党争原因的第一种方法,他认为这比弊病本身更坏。他的比喻生动而犀利:“自由于党争,如同空气于火,是一种离开它就会立刻窒息的养料。但是因为自由会助长党争而废除政治生活不可缺少的自由,这同因为空气给火以破坏力而希望消灭动物生命必不可少的空气是同样的愚蠢。”关于消除党争原因的第二种方法,普布利乌斯认为这是做不到的,他认为,这种指望人们绝对平等而一致的想法同样是愚蠢的。由此,普布利乌斯得出结论说,党争的潜在原因深深植根于人性之中,因此,党争的原因不能排除,只有用控制其结果的方法才能求得解决。

而在控制党争结果的方法中,普布利乌斯认为纯粹的民主政体(这里指由少数公民亲自组织和管理政府的社会)不能制止派别斗争的危害。而以代议制为基础的共和政体则可以实现控制党争危害的目的。普布利乌斯认为民主政体和共和政体的两个区别是:第一,后者的政府委托给由其余公民选举出来的少数公民;第二,后者所能管辖的公民人数较多,国土范围也较大。事实上,普布利乌斯所赞同的这种代议制的共和政体正是新宪法草案所规定的联邦架构,同时也是他所提供的医治古典共和病的药方。

在反联邦党人看来,“党争”问题的根源在于腐败;解决的方法是控制党派精神和限制当选代表的权力。在他们看来,那些与人民接近的、当地选出来的代表不会违背人民的利益。公民及其代表的美德是反对“党争”的保证。而普布利乌斯则把腐败问题转化为纯粹的党派问题。他们认为产生党派的“腐败现象”乃是自由和人类不平等的自然的、尽管是不受欢迎的产物。这种重新作出的定义意味着治理的基本问题不可能由传统共和主义的教育和管束美德的方法解决。而且,“党争”问题似乎在小的共和国里最严重。因为在一个小的共和国里,一个自私自利的集团很容易攫取政治权力并以有利于自己的方式分配财富和机会。实际上,在普布利乌斯看来,这正是独立战争以来在各州曾经发生过的情景。

普布利乌斯对于大共和国以及代议制的强调,实质上是使一个共和国复合化,从而使自治能够运作于不同利益集团构成的政府中,而不是依靠一个单一制共和国所固有的一元化的安排。以此方式,多个政府单位的范围和适当结构能够医治共和病的根源与传播,它允许多个共存的群体表达其利益,在此没有任何利益群体有必要去否定或者支配其他利益群体。普布利乌斯第 10 篇文章的结尾写道:“因此,我们发现,在联邦的范围和适当结构里,共和政体能够医治共和政府最易发生的弊病,根据我们赞成共和政体,并以此自豪的程度,我们应该以相应的热情拥护联邦党人的精神,并支持他们的人格。”

我们看到,普布利乌斯在对旧共和病医治的过程中,不仅阐明了新宪法所规定的联邦架构更符合真正的共和原则,从而回应了反联邦党人的批评,而且还为一种大共和国的共和政体方略奠定了坚实的理论基础。在普布利乌斯看来,通过自治、代议制、联邦架构、两院制等制度设计可以解决一个大共和国的固有问题,而无须依靠(也不可能依靠)古典共和理论中非常关键的公民美德。普布利乌斯的理论以及其后美国的宪法实践使人们相信,完全有可能创立这样一种政治体制:对外,它的强大足以显示其团结一致的方面;对内,所有各州在其内部事务问题上享有其公民权利所要求的那种高度自治。同时,权力在联邦政府和州之间的扩散可以视为对个人自由、财产等权利的妥善保障。最后,由于分权制度内在的制衡,将权力集中于某个机构或个人(无论是总统还是议会)都不会导致暴政的出现。简言之,这种政治体制既能保证大共和国的自由和秩序,又能使之长治久安。

由此而言,普布利乌斯的思想遗产不仅是民族的,更是世界的。

霍姆斯:“伟大的反对意见者”*

奥利弗·温德尔·霍姆斯(1841—1935年)被认为是20世纪美国最重要的法学家和大法官。卡多佐大法官称他为“法律和法律哲学中最伟大的君王”,曾任耶鲁法学院院长的查尔斯·克拉克认为他是“美国最受人爱戴和尊敬的法律家”,托马斯·格雷教授认为他是“美国法律史上最伟大的先贤”。这些一流人物的赞美之词并不过分。的确,没有人在美国法律中扮演的角色比他更重要。

作为一位法律学者,他撰写的《普通法》被波斯纳称为“由一位美国人撰写的最伟大的法学著作”,他发表的《法律的道路》为美国法律思想的主流学派奠定了基础,并被后来的研究者从种种角度详加研究。作为一位法

---

* 原载《中国法律人》2004年8月号“法律家”专栏。

官,他曾担任了20年的马萨诸塞州最高法院法官和将近30年的联邦最高法院大法官,并且留下了许多激动人心的判决意见,他在洛克纳案、申克案以及其他一些重大案件中的意见变成了法律,并留传下来,成为美国法律史中的不朽篇章。1931年霍姆斯的90寿辰成为一个全国性的庆典活动。1935年3月,霍姆斯的葬礼在阿林顿国家公墓举行,富兰克林·罗斯福总统迎着初春的料峭和雨雪脱帽肃立,代表全国来表达对这位伟人的崇敬之情。后来,最重要的一位霍姆斯传记作者怀特教授写道,"从霍姆斯1881年公开出版他的名著《普通法》到今天为止,法律学者、哲学家、政治学家、历史学家、文艺批评家以及新闻界的人士,都企图深刻理解霍姆斯,全面准确地描述霍姆斯的地位。用他们的眼光来看,霍姆斯是美国文明极有代表性的人物"。

霍姆斯1841年3月8日生于波士顿,他的父亲是当地一位著名医生、哈佛医学院教授、诗人。霍姆斯就在这样一个知识分子家庭长大。

霍姆斯先进入波士顿的私立学校,后又与其父亲一样,进入哈佛大学就读。青年霍姆斯认为当时哈佛的课程无聊而沉闷(后来美国历史学家和作家亨利·亚当斯这样回忆,"哈佛所教甚少,即便这仅有的部分也甚无趣”),他编辑了哈佛期刊,其中许多文章展现了他出众的文学才华。他在毕业的时候遇到了一些麻烦,原因是校方公开批评他对一位教授非常不敬,霍姆斯认为这是对他的侮辱,遂愤然离校并奔赴开往美国内战前线的列车,不过,他所在的部队未被及时送往前线,于是他在别人的劝说下又回到哈佛并接受了学位。

从哈佛毕业后,霍姆斯作为马萨诸塞州志愿军第20步兵团的军官开始了内战的军旅生涯。促使他从军的主要动因是对奴隶制的厌恶,而他更把这场战争描述为“为整个文明世界的正义事业而进行的‘十字军东征’”。他在这场战争中负了三次重伤和许多次的轻伤。尽管他后来曾以这段战争经历为荣,然而当服役期满,他还是没有继续留在军中。战争经验使霍姆斯看到:战斗双方可能都以为自己在为某种关于“真理”或“价值”的信念而抛洒鲜血,更有许多不知自己为何而战的人同样在牺牲自己的生命。

战争的残酷使霍姆斯的思想经历了“从理想主义到经验主义”以及“从绝对主义到相对主义”的某种转变。多年以后,霍姆斯清晰地表达了这种经验带给他的启示:“内心确信不能作为客观确定性的检验标准。我们对许多并不确定的事情深信不疑。请允许我再次重复自己曾经说过的：财产权、友谊和真理都根植于时间。一个人不可能被强行与自己寄居于其中多年的小环境分离而不感到自己的生活受到剧烈冲击。我们最爱什么和最尊重什么一般来说取决于我们先前同什么发生过关联。我喜爱花岗岩和伏牛花丛，这是因为它们同我生命中无从追忆的儿时欢愉有着某种关联。但是，尽管一个人的经验使某些特定的偏好对其本人来说天经地义，只要追思一下这些偏好的来源，他就应当能够看到：其他人，那些可怜的灵魂，可能会具有不同的偏好并认为它们天经地义。”

霍姆斯又回到了波士顿，并于 1864 年进入哈佛法学院学习法律。虽然起初他并不能肯定法律能否成为他的终身事业，不过很快他就沉浸在了研习法律的乐趣中。他决心“以法律为业”。

霍姆斯于 1867 年通过马萨诸塞州律师资格考试，在接下来的 14 年中，他在波士顿从事律师工作。但在这段时间里，他对法律学术的热爱以及对程式化律师实践的厌倦却与日俱增。他花了 4 年左右的时间来编辑肯特《美国法释义》这部重头著作的新版本，随后又成为《美国法律评论》的编辑。

1872 年，霍姆斯与范妮成婚。他们青梅竹马，在 10

岁左右就已相识，因为范妮的父亲是霍姆斯早期就读的私立学校的所有者。据中国学者吴经熊后来的回忆，霍姆斯夫人是他见过的最迷人、机智、活泼的女士之一。他们膝下没有子女，不过，也许霍姆斯并不感到孤单，在一生中他有许多伟大的朋友。他与布赖斯、戴雪、波洛克、卡多佐以及许多理论界的著名人物结下了深厚的友谊，他与这些人物的书信集为后人所称道。

霍姆斯第一篇学术论文《法典及法律的安排》试图寻找一种对浩如烟海的判例中产生出来的法律原则和法律概念进行"科学"整理的方法。边沁和奥斯丁的分析法学方法是这篇文章的主要智识资源。不过，霍姆斯自始就与边沁和奥斯丁产生了根本性的分歧：作为一位普通法的实践者和研究者，霍姆斯坚持某种"内部的视角"，强调在普通法内部来应用分析法学的方法，而拒绝以分析法学的方法从"外部的视角"来批判普通法以及为法典化呐喊助威。就这样，霍姆斯为普通法传统开辟了一条新的路径：将历史考察同逻辑分析结合起来，以揭示出普通法基本概念和原则在具体判例中的演进。这种方法在《普通法》中得到了最为突出而成功的应用。

《普通法》是霍姆斯最著名的著作，出版于1881年3月，这是他在罗威尔学社所作的12篇公开演讲的结集。

整部著作充满了历史考证和法律细节，通过探寻刑法、侵权行为法、财产法、合同法和继承法的历史渊源，竭力阐释了美国法律的基础，并对普通法进行了有效而彻底的归类和整理。普通法的开篇就是那句美国法律界最重要的格言和引语："法律的生命不在于逻辑，而在于经验。"霍姆斯的法律哲学朴素而深刻。

在《普通法》出版后不久，哈佛法学院就向霍姆斯发出了聘书。不过，霍姆斯仅仅在这个教职上讲授了一个学期的课程，就接受了马萨诸塞州最高法院法官的任命，并且在这个职位上待了 20 年。霍姆斯离开哈佛令许多人错愕，因为当时哈佛法学院连他在内只有 5 位全职教授，而这几个有限的教职一直得到一个基金的特别资助。

不过，离开大学并不意味着告别法律研究。霍姆斯热爱自己的事业，无论是法学理论研究还是判决意见的撰写，对他来说都得心应手。1889 年他成为马萨诸塞州最高法院首席法官。1897 年他发表了《法律的道路》这篇不朽的演讲。霍姆斯能够敏锐地洞察一个问题的本质，他的智慧为他赢得了声名。当然，更大的荣耀和挑战还在前面等待着他。

1902 年，霍姆斯被西奥多·罗斯福总统任命为联邦最高法院大法官。霍姆斯和罗斯福总统都是马萨诸塞州一位参议员的朋友，这位参议员向罗斯福推荐霍姆斯接替最高法院大法官的空缺职位，并且说霍姆斯"令人放心"，也即能够支持罗斯福总统推行的政策。不过，也许罗斯福总统会为这项任命感到后悔，因为后来霍姆斯在许多判决中都反对了他的政策。

由于霍姆斯的长寿，他在最高法院大法官职位上的时间竟达罕见的 30 年之久。作为一位大法官，他被称为"伟大的反对意见者"（the Great Dissenter），因为他经常与法官同事们意见相左，并且能够雄辩地阐述自己的理由。一段时期，布兰代斯大法官经常赞同霍姆斯的意见，然后他们一道说服其他大法官，于是霍姆斯的意见最终成为多数意见，从而影响了美国社会生活。霍姆斯的意见包含了深刻的知识和有价值的思想，其观点在透彻的思想性和独创的写作风格方面，都是无与伦比的。霍姆斯在 90 岁的时候由于健康原因退休。而他的传奇生涯结束于 1935 年。

霍姆斯不仅是社会的导师，同时也是法律人事业和人生的导师。他在波士顿大学给法学院学生的建议经受住了一个多世纪的考验，并且真正可以成为法律人"以法律为业"的正确道路："要获得开阔你们专业视角的方法不是阅读别的什么,而是钻研你们专业本身的根基。要做到这一点,首先,你们要借助法理学随着现存的(法律)原则进入其最高的一般化原则;其次,从历史中寻找它是如何变成当前这一形态的;最后,尽你所能思考一些规则寻求实现的(社会)目标,及为何这些目标是可欲的理由,需要放弃什么来实现这些目标,以及为何它们值得付出代价。”

应该说,这是关于法学研究的重要思想,它产生于伟大的心灵在漫长的生命旅程中的领悟。霍姆斯建议所有法学院的学生,以及教授、律师、法官,乃至遵守法律的普通人——瞄准更高的目标,否则,我们就无法趋向完美。

布莱克斯通：普通法最伟大的阐释者*

“法律的生命不在于逻辑，而在于经验”——霍姆斯的这句经典格言虽然针对的是一般的法律，但却基本上是英美法的产物。的确，英美法系比其他法系更加有意识地强调同过去的联系，更多地依赖传统的法律思维方式，这方面又以英国为最。事实上，没有别的国家像英国那样数个世纪以来一直固守自己的法律风格，以免其法律生活发生重大变动。英国法律史中的著名大法官和法学家黑尔曾经举过一个有名的例子：普通法宛如阿尔戈英雄的船舰，尽管经历了漫长的旅程，最初造船的所有材料几乎都已经更换过了，但却依然是原来的船。对法律学生和一般人而言，试图追寻这艘伟大船舰的轨

* 原载《中国法律人》2004 年 10 月号“法律家”专栏。

迹,甚至洞悉其中的奥秘并非易事。幸运的是,我们有布莱克斯通(1723—1780 年)所撰写的《英格兰法释义》,这是迄今为止对普通法所作的最为出色的系统阐释。

布莱克斯通生于伦敦的中下层人家,自幼失去父母,由其舅舅抚养长大。7 岁的时候,他进入了英国有名的公立学校之一——查特豪斯公学。15 岁的时候,他的成绩已经在公学中名列前茅;尤其在古典文学方面出类拔萃,他曾经因为一些吟诵弥尔顿的诗歌而获得一枚金质奖章,因此他被认为足以转到大学读书了。他拿到牛津大学彭布鲁克学院入学许可的时间是 1738 年 12 月 1 日。在牛津他勤奋好学,不仅继续钟情古典文学,而且研读逻辑学和数学等科目。他甚至在 20 岁的时候写了一本关于建筑学的著作,这本小书为他赢得了一些赞誉。不过,建筑学只是他的业余爱好,他还是准备将法律作为他的职业选择。事实上,虽然他也极其热爱古典文学和学者悠然自得的生活,极其渴望在牛津大学一直待下去,但是由于没有个人收入,他不得不考虑另外的出路。而在当时的英国,法律职业是为数不多的可以使个人地位上升甚至进入上层的“阶梯”。于是,1741 年,布莱克斯通前往伦敦,成了中殿律师会馆(the Middle

Temple）的一名学徒。他用一首诗表达了离别牛津的心情——“一位律师与缪斯的永别”，这首诗一方面流露了他离开牛津时失落的心情，另一方面也表达了他对于将要投身的法律职业的理想和绝不放弃的信心。

1743 年 11 月，他由于出色的表现被选拔为牛津大学万灵学院的成员。1746 年，他成为一名出庭律师。于是，曾经一度他都要往返于牛津和伦敦之间。起初他在律师职业方面并不怎么成功，不过，他为万灵学院和牛津大学做了许多有益的工作：他是万灵学院的司库以及学院地产的管理人，更为重要的是，他对牛津大学一个关于法律历史和经济方面最大的学院图书馆进行了完善和整理。1750 年，也即他获得法学博士学位的第二年，他被任命为牛津大学校长法庭的法官。1755 年，他被任命为牛津大学出版社的代表，并且在这个职位上做了一些非常有益的改革。1757 年，他被指定为牛津女王学院米歇尔新的基金会的督察之一。然而，布莱克斯通一生的转折点是他在牛津大学万灵学院开设讲座，而这是英国历史上第一次在大学中讲授英国法。1758 年，布莱克斯通讲座的成功使他顺理成章地成为第一任瓦伊纳英国法讲座教授，他在这个教职上一直任职到 1766 年。这些讲座成为后来在 1765—1769 年出版的四卷

《英格兰法释义》的基础。

当时,英国的法律教育呈现出了某种分裂的状态:教授罗马法、教会法的大学(主要指剑桥大学和牛津大学)与传授英国普通法的四大律师会馆(Inns of Court)之间形成了某种分离。前者是具有抽象或思辨特点学问的机构;后者则是一种与困扰普通公民的众多法律问题相联系的纯粹的世俗机构。直到布莱克斯通生活的时代为止,在剑桥大学和牛津大学没有开设过英国法的任何讲座和课程,当然已经有了罗马法、民法和教会法方面的讲座,而英国普通法也一直存在于伦敦四大律师会馆的范围内。律师会馆中培养出来的律师也对大学中涉及法律的各种"学术"的或"哲学"的论述表现出某种冷漠态度。这种状况可以使我们理解布莱克斯通事业的艰巨性,而他的讲座之所以能够出名和获得巨大成功,恰恰就在于他做了许多人认为根本无法做的事情。也就是说,普通法强调程序而且怀疑所有一切将其归纳为"实在的"形式的努力,而布莱克斯通则设法给庞大而杂乱的普通法以一种清晰连贯的形式,从而使他的年轻的外行听众能够理解和把握。

布莱克斯通在牛津开设讲座的时间绝非偶然,这一年是1753年,正处于英格兰律师业的低谷。当1758年他发表瓦伊纳讲座教授就职演讲的时候，他批评律师们缺乏一种“法治精神和正义之自然基础”，而学生们则“屡屡出错”，他意识到了律师职业已远远不似往日辉煌，而律师会馆中结业的出庭律师则越来越少。另外，对这个国家肩负特殊使命的贵族和绅士阶层却并不那么热心学习法律，同时，律师业的这种萧条又处在公众舆论批评的环境之中。因此，当布莱克斯通在牛津大学讲课的时候，他对律师会馆的训练方式非常不满，他心系法律职业的未来，他决心通过自己的努力来影响法律教育乃至公民教育。

著名英国法律史学家密尔松认为，从历史长时段的观点来看，布莱克斯通处于普通法发展历史上的一个转折性阶段。无论是大陆法系还是普通法系，它们都要经历这样一个阶段：在程序之外，在法律诉讼如何进行的过程之外，将那些规范人们行为并且体现社会关系的实体性规则发展为一个易于理解的关于权利和义务的体系。在这一点上，两大法系经历了相似的发展历程。在大陆法系，许多学者推动了此种努力；而在普通法系，布莱克斯通则用教科书这种形式实质性地推动着这一进程。用马克斯·韦伯的话说，在使一种存在于 18 世纪却仍具有明显的中世纪特征的法律系统的近代化过程中，布莱克斯通的《英格兰法释义》成了极其重要的第一步。作为一种基于习惯并且凭借口头性质的传统而永久存在的法律形式，18 世纪的英国普通法完全不能满足在下一个世纪里不断出现的经济和政治发展的复杂要求，因为在下一个世纪，一个以农耕经济为基础的小型岛国社会，将转变为“世界的作坊”，并且成为一个全球性帝国——它负责维护的英国强权下的世界和平甚至连罗马帝国也相形见小——的心脏。一种更为现代、合理和实证主义的法律系统和法律形式将变得不可缺少。恰恰是这个时候，布莱克斯通似乎指明了道路，并且促进了一种为实现上述转变所必需的法律论述、法律学识和法律评论。

布莱克斯通的讲座和著作使他的名声越过了英格兰的边境，事实上，布莱克斯通对英国的殖民地，尤其是美国法律的影响更为深远。比如一个有趣的传说是，美国法官只要在马褡裢的两个口袋中分别装上两卷布莱克斯通的书，就可以把英国法完全坐在自己的屁股底下。无论他们去何处，他们都可以而且也确实随身携带着他们的马褡裢。

当时的美国并不存在英国那样的律师会馆；美国最早的法学院成立于 1784 年，解散于 1833 年。许多设在大学中的法学院则成立于美国独立战争结束 50 年之后，而且在南北战争之前，其中的大部分法学院学制都只是 1 年。即便哈佛法学院的成立可以追溯到 1817 年，但它的教授职位也要到 1829 年才设立。再者，美国广阔的地理范围和司法形式的多样性也使法律教育变得更为复杂。于是，在这样的背景下，布莱克斯通的《英格兰法释义》就成了某种“民主式的律师会馆”，当布莱克斯通在牛津大学给那些上层的年轻人开设英国法讲座的时候，他一定不会想到，在若干年后的大洋彼岸，无数勤奋而抱负远大的美国年轻人——就像马歇尔大法官、肯特教授、林肯总统年轻时那样——将他的《英格兰法释义》视为法律上的“圣经”，并由此学习英国法的原理，甚至仅仅以此就敢挂起一个法律执业的招牌。事实上，在 1900 年之前，几乎每一个美国律师都或多或少的读过布莱克斯通。*Black's Law Dictionary* 中有一个词条是“Blackstone lawyer”，它的一个解释就是“尤指美国南北战争前主要通过自学布莱克斯通的《英格兰法释义》来获得法律训练的律师”。

著名历史学家布尔斯廷甚至这样指出，在美国独立的第一个世纪中，对于那些学习法律的学生来说，布莱克斯通的《英格兰法释义》不仅是一个学习法律的途径，它甚至构成了法律的全部。

布莱克斯通不仅是伟大的学者，而且是出色的律师和法官。他一生非常勤奋，善于规划自己的时间；他生性慷慨，乐于参与公益事业。可惜的是，他年仅57岁就离开了人世。然而，他因非凡的才华、高尚的道德、对社会强烈的使命感，以及伟大的经典《英格兰法释义》而立于不朽的地位。

事了拂衣去的梭伦

每次备课读《雅典政制》,都会被梭伦感动。按照亚里士多德的描述,梭伦就门第和名誉而言属于一等;依财富和地位,则仅属于中等阶级。他调停贵族、人民之间的党争,费尽心力制定法律,结果人民、贵族两边都不讨好。因为人民期待他制定法律重新分配一切财产,而贵族则希望他恢复往日制度,或者至多稍加变更。尽管如果他随意袒护一方,就有成为僭主的可能。他却宁愿遭受双方仇视,而采取他认为最优良的立法,拯救国家。当梭伦完成他的宪法后,人民时常来找他,当然也对法律指指点点,他既不愿变更条文,又不愿待在雅典受谤,因此飘然远去,声明10年之内不再回来。真真是"事了拂衣去,深藏身与名"。

又读史家普鲁塔克对梭伦的描绘,他的朋友安纳查西斯帮他编纂法律,说梭伦的同胞既不诚实又很贪婪,很难想象用成文法来约束;这种法律就像一张蛛网,只能抓住弱小和贫穷的可怜虫,那些有财有势的人物早已脱身而出。梭伦则辩称他制定的法律适合雅典,大家也都知道诚实和守法是唯一可行之道。

但事态发展证明梭伦错了。他的境地正如自己的诗歌所言:“进退维谷,有如孤狼在一群猎狗之中。”

宪法政治与经济发展*

谢谢大梅沙论坛的邀请。我向大家报告的题目是“宪法政治与经济发展”。想跟大家报告三个方面的问题:第一,我为什么讲这个问题,它究竟是什么,又牵涉哪些问题;第二,以美国宪法和经济发展为线索作一个比较法意义上的观察;第三,回到中国,讨论一下历史上和当代中国的宪法政治和经济发展问题。

第一,宪法政治与经济发展,这个问题是什么,为什么讲这个问题。

之所以用“宪法政治”这个词语,是因为这个词语在价值上更为中性,同时既可以指涉正式的法律文本意义上的宪法规则,也可以指涉具有宪法意义的非正式制度、惯例等。

* 在2016年第三届大梅沙论坛上的发言提纲。

宪法政治与经济发展,就理论层面而言,这个问题属于“法律与经济发展”这个传统命题的一部分。在这个命题当中,从诺斯、奥尔森、阿玛蒂亚·森,到新近的畅销书《国家为什么会失败》的作者德隆·阿西莫格鲁、詹姆斯·罗宾逊,他们都关心何种体制能够促进经济发展。例如,在《国家为什么会失败》这本书中,作者把一个国家的政策区分为包容性制度和汲取性制度,认为前者更有利于经济发展。因此,在这些学者的理论当中,普遍认为宪法政治对于推动经济发展起到了关键性作用。当然,也有一些学者认为,宪法政治并非经济发展的充分条件,甚至也不是必要条件。虽然,他们多数也认为,一定程度上的法律制度对于经济发展仍然是必须的。但实际上,这个命题还有另一面,也即经济发展的状况,又在什么意义上以及多大程度上会影响宪法框架。

那为什么最近我又开始重读相关的文献,其实主要是感觉这个问题与当今世界包括中国的一些现实问题可能有着非常密切的关联。例如,我们大家最近都很关心的美国大选,在宪法体制如此成熟的国家,特朗普这样的人为什么能走到现在?虽然有很多原因,如人口族裔比例的转变、全球恐怖主义的发展、社交媒体形态的演化，等等，但经济发展的全球化进程越来越加剧了经济不平等的现实，尤其没有能够使美国中下阶层获益是其中的关键原因。事实上，这种极端主义、民族主义的政治生态也不仅发生在美国。这两天英国金融时报网站还有一篇文章说，眼下形势与20世纪30年代非常相似。那时候，"大萧条"带来的经济冲击使全世界的政治都走向激进化。2008年国际金融危机或许已经带来了类似的结果，但是今天这一趋势似乎愈演愈烈。因此，考察宪法政治与经济发展之间的关联，特别是宪法政治面临全球化挑战时可能发生的变化就成为一个相当重要的问题。

另外，就理论层面而言，研究这一问题也可能会给当下以规范宪法学和政治宪法学为主要研究范式的宪法学研究带来新的视角。

第二，我们来看美国宪法政治与经济发展的关系变迁，这可以给我们思考中国问题提供比较法上的借鉴意义。

首先，美国宪法本身在很大程度上就是美国建国之初为应对财政问题而制订的，通过制宪以及其后包括汉密尔顿在内很多人的努力，美国的财政体系得以建立，财政汲取能力也得以形成。之前郑戈教授曾经研究过美国财政宪法的这一段历史。

其次,1861 年的南北战争,从法律的视角看当然可能与最高法院判决黑人不是美国公民的斯科特案有关,但当然也有其他很多原因,包括深层次的经济背景,例如全国统一市场,包括劳动力要素市场能否形成的问题。通过这次内战以及其后的十三、十四、十五修正案,从宪法层面上解决了全国统一市场的问题。

此后美国进入工业化发展的加速时期,到 20 世纪 20 年代,美国的工业化水平已经在世界上处于领先地位。为了应对"大萧条"的危机,经济社会发生巨大变迁,凯恩斯、哈耶克、波兰尼等人对此都有很好的论述。而罗斯福新政实际上是美国应对经济发展问题发生的宪法上的重大革命。按照宪法学者桑斯坦的概括,在宪法政治上也出现了三种明显的变化:首先是权利观念发生了变化,罗斯福在 1936 年的演讲中主张,尽管宪法制定者只关注政治权利,但是新的环境要求同时承认经济权利,在财产权和人身权之间的关系上也发生了变化;其次是分权框架出现了新的趋势,行政机关的地位凸显,行政主导的新行政观出现了;最后是在联邦和州的权力关系上,大大扩张了前者的权力。当然,我们知道,这些宪法政治的变化,虽然背后是通过复杂的法律技术和推理来完成,但其实是美国经济社会状况变化在法律上的反映。罗斯福新政的影响实际上贯穿了整个 20 世纪,此后沃伦法院政治、里根革命等在很大程度上也都围绕着相关主题展开。如何对待权利,包括经济社会权利、财产权利,如何对待政府权力包括联邦政府的边界,也成为自由主义和保守主义论战的核心命题。

当然,在这个过程中,美国的宪法政治作为某种模式也传播到世界各地,在邓肯 · 肯尼迪教授论述的法律与法律思想的三次全球化过程中,第一次全球化是民法,第二次是社会法,第三次是宪法,包括宪法政治模式、人权观念、司法审查机制等。但是 21 世纪以来,特别是金融危机以来,宪法政治现在似乎依然未能找到某种恰当的方案来解决相应的经济和社会问题。因此福山在他的著作中才会提到美国政治的衰败问题。当然,与此同时,中国逐渐崛起,不仅在经济上开始挑战,在政治模式上也开始挑战。

第三,回到中国。

关于中国现代国家的兴起,按照孔飞力先生在《中国现代国家的起源》中的分析,这个问题可以一直回溯到 18 世纪末期的乾隆年间。他认为帝制中国面临着三道难题:如何对抗权力的滥用,如何吸纳庞大的文人精英，如何完成财政汲取从而治理社会。而这几道难题根本无法在旧体制之下完成，只能寄希望于新的政治体制，他认为，即使没有来自外国的侵略，根本性的变化仍然是会发生的。这里比较有趣而且重要的一点是，在关于财政汲取问题上，他认为直到20世纪50年代才由共产党的农村公社化运动最终完成。实际上，也就是建立起国家和公民个体之间直接而有效的政治、法律关联。

当然，当代中国的宪法政治无疑与美国有着根本不同的深层逻辑，包括人民看待政府的态度、政府权力的界限等。至于我们的宪法政治会对经济产生怎样的影响，无疑非常复杂。吴敬琏教授曾引用科斯的话，来讨论自由市场如何形成，以及与此紧密关联的创新型经济是否可能的问题。另外还包括，经济增长方式能否从投资驱动型转变为消费驱动型，宪法政治对于外资的影响究竟如何，所有这些无法一一列举的问题其实也是我比较困惑希望求教于各位朋友们的。

读《罗斯福宪法——第二权利法案的历史与未来》[*]

谢谢宋华琳教授的邀请，很高兴来到南开大学法学院和大家一起讨论桑斯坦教授这本著作。我主要想谈三个方面的体会。

第一，这本书说了些什么，尤其，罗斯福宪法的历史背景究竟怎样。

桑斯坦的《罗斯福宪法——第二权利法案的历史与未来》写于2004年，这本书可以视为美国民主党的社会经济政策在法律层面上的一个论证，将民主党的社会经济政策与美国最伟大的一位民主党总统联系起来。从某种意义上说，理解了罗斯福的第二权利法案，不仅可以理解美国两党政治的基本政策分歧，同时也可以理解

* 2016年在南开大学法学院的讲座提纲。

整个20世纪美国社会经济发展乃至宪法政治的核心逻辑。

这本书在结构上共分为三个部分,第一部分追溯了第二权利法案及其原理,第二部分试图解释为什么美国宪法中缺少罗斯福的第二权利法案,第三部分则讨论这个法案的未来,也即美国宪法及其文化是否以及在何种意义上,应该怎样致力于追求第二权利法案。

我们都知道美国的所谓第一权利法案制订于1791年。从那时起至今,美国和世界的面貌都发生了很大变化,在经济运行和增长方式、社会组织结构、政府的角色和作用、人们的思想观念等方面都与昨日的世界不同。美国建国时基本上还是农业社会,杰斐逊称,由于美国独特的环境,我们没有穷人。但是在19世纪中叶,情况发生了巨大变化,工业革命创造了一种新的经济模式,金融寡头、大公司出现,瓦解了既有的农业社会。大公司,不亚于旧的封建贵族,可能威胁个人谋生的经济自由。一方面,工业化为跳出马尔萨斯陷阱提供了关键的动力;另一方面,工业化使一部分人在此过程中成为弱者和穷人。

而社会、经济上的变化势必会反映在法律变迁上,特别是,法律权利观念发生了变化,例如财产权和人权的观念发生了重大变化。罗斯福强调了新制度的两种核心权利,第一种是生存权,第二种是财产权。

与此同时,政府的角色,包括联邦政府层面上立法、行政和司法的权力分立框架,联邦和各州之间的中央和地方关系都发生了重大变化。

第二,书中的几个重点问题。

首先是关于司法和民主的问题。洛克纳时代的来临,标志着美国最高法院成为进步的社会经济立法的阻碍性力量。新政政府任命的法兰克福特大法官认为司法应当服从于立法机关,不折不扣地贯彻司法克制原则。但是司法克制主义,或者说司法服从立法的原则本身就是一把"双刃剑"。假如立法以多数人的名义损害甚至剥夺少数人的权利又当如何,也就是说,司法克制的原则怎样与保护公民自由权的承诺相一致,这是后来沃伦法院时代一直需要界定的问题。1938 年,斯通大法官在卡罗林一案的一个注释中提到,司法克制应该有三种例外,其中之一就是直接针对孤立无援势单力薄的少数群体的歧视。对卡罗林判决的这个注释预示了新政多数派分裂成了两派,一派以法兰克福特为代表,另一派以斯通为代表,他认为对阻碍民主进程的立法应该有严格的司法审查。司法审查表面上是反民主的,但是从另一个角度而言又是保护民主的。卡罗林注释把少数人的权利保护作为民主的核心,这里似乎存在某种吊诡意味,就是民主一般而言意味着重视多数人的意见,但是民主的某些进程安排如果剥夺共同体中的少数人权利,那也当然并非真正的民主,由此也可见民主的内涵在逐渐变化。关于民主的实质目标和范围,存在两种不同主张,一方认为理想的民主仅需要政治平等即可,比如平等而有效的选举权;另一方则坚持,没有相对的社会和经济上的平等就不会有有效的政治平等,从而也就不会有民主的存在,比如受教育权。

其次,从第一法案到第二法案,或者换个说法,从美国社会政治平等迈向社会、经济平等的过程中,其中的种族问题实际上提供了一个大的场域乃至动力。我简单举两个例子,第一个例子是布朗案,布朗案没有借助宪法修正案和先例的推理,而是通过论述教育在现代社会的意义和功能最后完成了这个论证。第二个例子是Bell案,这是关于私有的饭馆是否可以种族歧视的案件,背后反映了财产权和人权的冲突。这个案件最后是通过一个程序性策略解决了问题,而没有从实体上最终作出回答。当然,一位大法官的并行意见提到,到餐馆就餐的这种权利是公民权利,而不是社会权利,既然属于公民权利和政治权利而非经济、社会权利的范畴,那么当然更不应当加以限缩。

最后,桑斯坦关于消极权利和积极权利的说法似乎并没有说服我。比如,他说消极权利其实也是需要政府积极保证的,因而并不能用政府的角色问题来反对积极权利。但是政府保护产权不被别人侵害,与政府主动向一部分人提供福利似乎仍然是有区别的。

第三,对中国的启发。

这本书进一步提示了中国问题的复杂性:一方面中国的现实矛盾,中国的经济实现转型,走出中等收入国家陷阱,等等,需要经济增长方式从投资驱动型转向消费驱动型,而这就牵涉中下层居民在经济结构中的弱势地位,因此需要提高他们的经济收入和福利水平。但另一方面,提高经济收入和福利水平则面临着进一步总体性、全能型国家的问题。同时在技术水平没有实质提高的情况下,提高经济收入和福利水平意味着企业市场竞争能力的可能降低。从根本上说,罗斯福第二权利法案产生的背景是在财产权和契约自由得到特别强调和保护大背景下的一种纠偏,但我们国家则是集体主义、社会主义大背景下的某种问题。因此究竟我们应该将相关问题置于何种问题域就构成难题:例如,政治自由/经济自由,财产权/人身权,自由/福利,个人权利/社会正义,等等。

现实问题之外,这本书对中国宪法的理论研究也有一些启发,比如在宪法教义学的视角下,中国宪法中的经济社会权利究竟具有何种意义,等等。

梁启超《新民说》的问题意识*

谢谢主办方对我的邀请。我想讲的第一个问题，就是我自己理解的“新民说”透露出的问题意识，也就是说，梁启超先生所说的“新民”为什么重要，甚至为什么在当下依然重要。

杨念群教授、王人博教授和其他几位教授都谈到了所谓的古今、中西之变，所谓“三千年未有之大变局”。从某种意义上讲，中国一百年前的问题，就是中国历史在被动进入世界历史的过程中我们这个民族命运共同体所面临的重大问题。这一问题不仅体现在国家建构方面，同时也体现在国民建设方面。换言之，一方面是如何构筑我们的国家，另一方面就体现在我们的国民素质能否适应这个国家建构的过程。今天这两个问题依

* 2013 年在新民说首届年度文化沙龙上的发言节选。

然在延续。大家知道，前年年底韩寒有几篇文章在网上，包括在知识界引起了很大的反响。在文中韩寒把很多责任归咎于中国所谓的国民素质问题。而梁任公先生强调“新民”，似乎又在一定程度上意味着某种素质论。

任何共同体的构建都会面临两个重要问题，第一个问题就是共同体的安全、共同体的边界问题。我们在近代以来面临非常大的威胁，主要来自两方面，一个威胁是外敌入侵，另一个威胁是内部分裂。很多的思想者都在致力于讨论这样的问题，这是第一个问题。第二个问题就是说这样的一个共同体，他们采取什么样的方式来决定他们的政府组织，他们是否采取遵循所谓的文本方式，大家都按照规则来办事，例如像美国，独立战争胜利之后需要有个宪法文本，之后他们都决定要遵守这样的规则。还有另外一种方式，那就是谁的力量强大就听谁的。采取何种方式事实上就是所谓宪法的元规则。而任公先生的核心关切，恰恰在这两个问题域中呈现出来。也就是说在他看来，共同体决定什么样的方式来构造、组成政府，建设国家，这个问题本身当然很重要，但这个制度性问题显然和下面的文化性问题密切关联，也就是我们究竟更相信强力，还是更相信联邦党人所谓的

“深思熟虑和自由选择”和遵循规则。

所以从某种意义上来讲，在这样一个既有共同体的边界、安全等制度性问题（也即“救亡”问题），同时也有国民“启蒙”的文化性问题的这样一个大的历史情境之下，梁任公先生似乎试图以启蒙的方式来解决救亡的问题，于是启蒙成为实现救亡目的的手段。事实上，我们也可以从《新民说》这本书的篇章里面看到他这样一个大致的逻辑。比如第一节是“论新民为今日中国第一急务”。接下来提到优胜劣败之理以证“新民”之法，所谓优胜劣败就是讲，我们这个民族共同体如果不这样做，就没有办法屹立于世界文明之林。而最后一节“论政治能力”，就是我刚才讲的两个方面的第二个方面。这就是梁任公先生基本的问题意识和历史情境。但是在这里需要注意以下两点。第一，他虽然强调文化，但并没有把制度和文化对立起来，他也写过《异哉所谓国体问题者》一文，对国家的构建给予了足够的重视。第二，令人惊讶的是，他运用了各个领域最新的思想资源，例如，他在讨论权利问题的时候，引用了我们今天熟知的倡导“为权利而斗争”的耶林的观点；他在利益分配、经济的问题上，引用了亚当·斯密的观点；在自由问题上引用了密尔的观点。可以看出他引用的思想资源非常丰富，真正站在时代的前沿,同时他并不排斥运用传统中国的思想资源,如孔子、孟子等。梁启超先生试图解决我们这个共同体两个方面问题的思路对今天依然有相当启发。

又读黄宗智*

一

1999年3月，黄宗智先生在北京大学作了题为《中国法律制度的经济史、社会史、文化史研究》的讲演，①那次讲演主要是围绕他的新作《民事审判与民间调解：清代的表达与实践》（以下简称第一本书）②展开。讲演吸引了来自法律、经济、历史和社会学界学者的参与，提问和讨论的气氛十分热烈，甚至不乏尖锐。在那次讲演

---

* 本文原标题为：《通过比较展现法律的实际图景——读黄宗智〈法典、习俗与司法实践：清代与民国的比较〉》，载苏力主编：《法律书评》（第二辑），法律出版社2004年版；《中国社会科学文摘》2005年第3期转载。

① 讲演全文请参见［美］黄宗智：《中国法律制度的经济史、社会史、文化史研究》，载《北大法律评论》（第2卷第1辑），法律出版社1999年版，第358—383页。

② 参见［美］黄宗智：《民事审判与民间调解：清代的表达与实践》，中国社会科学出版社1998年版。后此书经作者稍作修订后再版，并更换了书名和出版社，参见［美］黄宗智：《清代的法律、社会与文化：民法的表达与实践》，上海书店出版社2001年版。

中,黄宗智还预告了他的下一本法律史著作,即研究清代以来民法的第二卷。如今,四年过去了,终于在书店中看到了这本装帧素雅的绿皮书籍:《法典、习俗与司法实践:清代与民国的比较》(上海书店出版社 2003 年版,以下简称本书)。不知道,学术界对此是否还会有热烈的讨论,抑或已经习以为常?

无论如何,这本书又让我们“想起了黄宗智”,[①]并且很可能会让我们在阅读别人著作的同时反思我们自身的已有观点。

二

大概黄宗智也对他第一本书所引起的激烈讨论记忆犹新,因此他在本书中文版的序言中提到,“此书集中讨论五个诉讼纠纷较多的法律领域,对清代关于民事的法律作了进一步的论证,同时通过比较,对这些方面的民国民法也做了初步的分析。国内不少读者对我上一卷关于清代法制的论点持有保留,我希望他们会被两本书结合起来的论证论据说服,至少会承认清代和民国时期确实有许多普通老百姓使用法律制度来维护自己的

① 参见《北大法律评论》(第 1 卷第 2 辑)“编后小记”,法律出版社 1999 年版,第 719 页。

合法权利，并且确实有许多县令、法官是依法行事的。可是，我仍然担心不少读者对现在的和过去的法律制度成见殊深，不易动摇，可能最终还是要通过直接阅读清代和民国诉讼案件档案之后才会改变成见”。这段序言不仅简略概括了本书的主题和方法，并且在某种意义上提示了阅读本书的某种建议，即阅读本书最好要在阅读第一本著作之后进行，并且彼此参照。当然，倘或我们手头暂时没有第一本书，径直阅读本书也无不可，本书生动而简洁的语言，清晰而严谨的结构，也足以引人入胜，我们会看到，作者讨论的主题对学过法律的人来说并不十分陌生。尤其，本书对第一本书的主要论点（包括那些引起激烈讨论和批评的论点）并没有进行根本修正，作者甚至希望通过两本书的参照进一步说服那些对第一本书持有保留意见的读者。当然，我们在阅读的过程中可能会问，“作者在第一本书中提出了哪些论点，为什么会引起如此多的关注和讨论，本书又是怎样和第一本书结合并且加强了第一本书的论点，以及，相对于第一本书而言，本书是否具有新的意义，倘若具有，那么这种意义是在观点上，材料上，还是在方法上？”因此，我们需要首先简要介绍一下作者第一本书的主要观点，然后在此基础上再来讨论本书的内容。事实上，正如本文题目提示的那样，某种意义上，本书也正是在和第一本书的比较和参照中得到凸现的。

三

在我看来，作者的第一本书之所以引起较多关注和讨论的原因可以归结为以下三个方面：

第一，作者学术领域从经济史、社会史等转向对法律制度的研究颇为值得关注。黄宗智本是一位成就卓著的史学家，他的《华北小农经济与社会变迁》(中华书局 1986 年版)、《长江三角洲小农家庭与乡村发展》(中华书局 1992 年版)、《中国研究的规范认识危机：论社会经济史中的悖论现象》(香港，牛津大学出版社 1994 年版)等著作都曾在学术界引起很大的反响。转向对法律制度的研究，是因为他认为“法律制度的研究结合了社会史与文化史。过去，社会经济史和文化史学者多分道扬镳，互不过问。但在法律领域中，两者是不可分离的”。[①] 更为准确的说，这种转向更主要还来源于他对自己在经济史研究中过分的唯物主义倾向以及文化主义将事实化约为“表象”的不满，他认为法律这个领域正好

---

① 参见[美]黄宗智：《清代的法律、社会与文化：民法的表达与实践》，上海书店出版社 2001 年版，总序。

为关注事实的唯物主义倾向与关注表象的唯心主义倾向的互动和结合提供了最有力的分析点。他说，“法律史之所以对我有如此特殊的吸引力正是由于它促使我们不仅对待行动还要对待表象，不仅要对待现实还要对待理想。比起其他的材料，法律文件更能阐明习惯性实践和官方意识形态二者的逻辑，以及二者之间关系的逻辑。它们本身尤其便于寻找一些隐含的原则和遵循的逻辑”。[①] 我们看到，这种学术的转向不仅昭示着作者个人学术关怀的变化，而且也在一定程度上使法律制度的研究获得了跨学科的意义，同时与社会科学领域中的主流问题发生了关联。

第二，作者运用了一些新鲜或者较少被使用的材料，主要是地方诉讼档案。其中包括 1760—1850 年的四川巴县档案、1810—1900 年河北宝坻县的档案以及 1830—1890 年台湾淡水分府和新竹县的档案，其中，淡水分府和新竹县档案已经开放多年，但巴县和宝坻的资料直到 20 世纪 80 年代才向研究者开放。还包括一些民国时期的诉讼档案，即河北顺义县 20 世纪 10 年代至

① 参见［美］黄宗智：《学术理论与中国近现代史研究：四个陷阱和一个问题》，强世功译，载贺照田主编：《学术思想评论》（第 5 辑），辽宁大学出版社 1999 年版。

20世纪30年代的128件民事案件,而这些档案系首次使用。[①] 作者认为,诉讼档案不仅在史料的使用上较少,更为关键的,就其性质而言,它"同时包含有关表述和有关行动的证据,意识与行为的分别研究不可能像诉讼案件的研究那样显示两者之间的相互关联"。[②]

第三,就内容方面而言,作者书中的主要论点对法律史学界的流行观点构成了直接挑战。书中的中心论点是:清代的法律制度是由背离和矛盾的表达和实践组成的。官方的表达和法律制度的实际运作,既矛盾又统一。清代法律制度,一方面具有高度道德化的理想和话语,另一方面它在操作之中比较实际,能够适应社会实际和民间风俗。这是这个制度能够长期延续的秘诀。我们既不能只凭它自己的表达和意识形态来理解它,也不能只凭它的实际行为来理解它,而是要看到它表达和实践双方面的互相依赖和互相矛盾。它的表达不仅决定了它的话语,还决定了它的许多行动。

具体来说,从清政府的表达方面来看,总的说来,关

---

① 参见[美]黄宗智:《清代的法律、社会与文化:民法的表达与实践》,上海书店出版社2001年版,第3—4页。

② 参见[美]黄宗智:《清代的法律、社会与文化:民法的表达与实践》,上海书店出版社2001年版,总序。

于民事诉讼,清代官方表达出来的是这样一幅图像:(1)民事诉讼不多。首先是国家意识形态认为这种诉讼不应当有。即使有,也不过是“细事”,中央政府不多关心,由州县来“自理”。(2)再者,一般良民是不会涉诉的,如果涉诉,多半是受了不道德的讼师讼棍的唆使。(3)县官们处理民事诉讼案件的时候,一般是像父母亲处理孩子们的争执那样,采取的是调处的方法,用道德教诲子民,使他们明白事理,不都依法律判案。当然,这样的表达和清政府的仁政意识形态密切相关。

而法律制度运作的实际情况呢?作者从诉讼案件档案中看到了不同的图像:第一,民事诉讼案件占了县衙门处理案件总数的大约1/3。简言之,清代官方话语所谓的“细事”案件,实际是地方衙门处理事务之中的极其重要和占相当比例的一部分。第二,诉讼当事人大多数是普通人民,上法庭多是迫不得已,为了维护自己的合法利益。作者从628件案件中鉴别了500名原告的身份背景,其中显示他们不符合官方话语形容中的诉讼当事人。第三,衙门处理纠纷的时候,要么让庭外的社区和亲族调解解决,要么就是法官听讼断案,依法律办事。县官本身极少进行调解。作者从案件档案的整理和统计中得出结论,清代法庭是很少像官方表达那样,从事法庭调解的。[①]

不仅如此,作者在向我们展示上述官方表达与法律制度运作实际图景的同时,还进一步阐述和加强了他在早先文章中业已提出的开创性论题:国家社会二元理论并不适合中国传统社会,包括中国法律制度史的研究,同时,他相应提出了一个国家、第三领域、社会的历史分析框架。[②] 他认为,广义的清代法律制度在其运作之中,同时包含国家官方的"正式"的司法制度和民间的"非正式"纠纷处理制度,一是以国法和审判为主的,二是以妥协和调解为主的。另外,正式和非正式的制度相互影响,相互作用,知县对各个状词的批词,当事人一般都能看到,这样知县的批词会在正式堂询之前影响到社区调解的进展。同时,在社会进行的调解,如果成功,正式制度进行中的诉讼便会中止。像这样由国家法庭和民间调解相互作用组成的空间,作者称为法律制度中的"第三"或"中间"领域。更进一步,作者在该书中还试图与

---

① [美]黄宗智:《清代的法律、社会与文化:民法的表达与实践》,上海书店出版社2001年版,重版代序。

② Huang, Philip C. C., *Between Informal Mediation and Formal Adjudication*: *The Third Realm of Qing Civil Justice*, in Modern China, Vol. 19, No. 3, 1993, p. 251 - 298. 有关该书的一些中文介绍,可以参见陶榕对 *Civil Law in Qing and Republican China* 一书的书评,载《北大法律评论》(第1卷第1辑),法律出版社1998年版,第223—229页。

过去影响较大的马克斯·韦伯理论进行对话。作者认为,韦伯在构造抽象类型那部分的写作中,企图把中国作为西方的“它者”,把西方近代等同于“理性”的“形式主义”法制,中国等同于非理性的“实体性”“卡地”法。而这个二元对立是不符历史实际的。黄宗智在书中从韦伯提出的“实体理性”尝试性命题出发,加以新的解释和延伸,说明中国法律制度乃是一个由矛盾的表达和实践共同组成的,是一个包含既背离而又抱合因素的统一体。它的正式制度和非正式制度,以及它的君主集权世袭主义(patrimonialism)意识形态和它的官僚制(bureaucracy)实践,一如它的道德化表达和实际性运用,乃是一个制度之中的两方面。而正是两者的既对立又统一,组成了清代法律制度的根本性质。[①]

无疑,黄宗智这些论点对于中国法律史的一般流行观点构成了挑战。其中最富代表性的就是他与日本学者滋贺秀三及其学生寺田浩明之间的争论。[②] 黄宗智将

① [美]黄宗智:《清代的法律、社会与文化:民法的表达与实践》,上海书店出版社2001年版,重版代序。

② 有关的一些情况,可以参见王亚新、梁治平编:《明清时期的民事审判与民间契约》,法律出版社1998年版。以及[日]寺田浩明:《清代民事审判:性质及意义——日美两国学者之间的争论》,王亚新译,载《北大法律评论》(第1卷第2辑),法律出版社1999年版,第603—617页。

他们之间的争论概括为三个方面:一是出于误解的。二是对于一个实证问题上的分歧。第三个分歧则是他认为的真正的分歧,即在方法上和历史观上的分歧。黄宗智认为,滋贺秀三他们研究法制的方法,主要沿袭了德国传统的法理学,要求抓住一个法律传统的,甚至于整个社会和文化的核心原理,滋贺秀三特别强调情理法的结合。而黄宗智认为自己的研究方法,首先要求区别不同层次的官方表达,再注意到官方表达和民间表达的不同,并十分注意这种表达和实践的背离,认为这往往是关键问题之所在。黄宗智认为,滋贺秀三对情理法原理的分析,主要是对官方表达的分析,虽然有一定的价值,但并不能等同于法律实践和整个法律制度。此外,黄宗智认为研究社会史出身的学者注重在一个结构环境中,不同当事人所作出的抉择,而滋贺秀三则基本不理会这个问题。

有趣的是,争执的另一方,寺田浩明教授在承认黄宗智的观点"有相当的成立基础和意义"之外,却将其观点的适应性限定在了一定的范围之内,即"在民国以来的近代法制前期来看",以及"尤其就财产法领域的实际操作而言"。①

---

① 参见[日]寺田浩明:《清代民事审判:性质及意义——日美两国学者之间的争论》,王亚新译,载《北大法律评论》(第1卷第2辑),法律出版社1999年版,第612页。

进而,他认为总体而言,黄宗智的整个理论构成相当勉强,其内容中包含的逻辑上、史料考证上的问题点也相当明显。他认为,黄宗智理论结构上的勉强归根结底来自越过听讼与民间民事习惯的大致对应这种事实性关系,而直接得出了"依法保护权利"这一规范性命题。而立足于这样的理论来批评滋贺秀三给清代听讼性质下的结论,即"调解论",显然也是无力的。他认为,黄宗智的工作实际上意味着以西欧近代型的审判模式为蓝本,并从清代听讼中也找出与此相符的要素。通过这项工作证明了听讼发挥的功能比从前所理解的更近似于近代型的民事审判。而另一方面,滋贺秀三论证的却是两种类型之间在规范性原理上的差异,从方法论的角度看,功能在事实上的相似并不能消除这种原理性差异。而在黄宗智的讨论中,原理或类型上是否存在根本差异的问题却一直未被提及,就好像两种类型之间的原理性一致是不言而喻的事实似的。他得出结论说,这样的批评当然不可能真正触及滋贺秀三的理论。[①] 我们看到,颇有意思的是,黄宗智认为滋贺秀三的问题来自"沿袭

① 参见[日]寺田浩明:《清代民事审判:性质及意义——日美两国学者之间的争论》,王亚新译,载《北大法律评论》(第1卷第2辑),法律出版社1999年版,第613—614页。

了德国传统的法理学”,而寺田浩明则认为黄宗智的问题来自“以西欧近代型的审判模式为蓝本”,换言之,双方都认为对方犯了某种刻板应用西方理论的毛病。

抛开上面双方各执一词的批评,值得注意的是,寺田浩明十分精当地指出了,滋贺秀三和黄宗智之间的分歧可以归结为观察途径或理论起始点的不同。具体而言,滋贺秀三作为其立论基础的是中国法文化与西方法文化之间的类型对比,而黄宗智始终关心的却是清代法秩序与中华民国法秩序,以至与改革开放、市场经济化以后的现代中国法秩序之间的历史继承关系。中华民国法制的轮廓无论是从法律概念还是从制度来看,确实都是从欧美引进的。但是正因为在清朝,社会里已经存在接受西方制度的土壤,才使清末民初变法即引进西洋法制成为可能。在清代就已经能看到民众频繁的把诉讼提交国家的法庭,而国家也努力对此进行了处理。寺田浩明由此猜测黄宗智理论的出发点,即面对上述现象,倘或以不同于西欧的审判为由而将其理解为“不是审判”的观点是有问题的。

我们看到,寺田浩明对滋贺秀三和黄宗智之间分歧的概括已经触及了有关中国现代性的基本问题,即中国的历史,包括法律制度的历史,在世界史的视野中究竟是否是独特的？中国历史的传统和现代，究竟是“古今之别”还是“中西之别”？某种意义上，滋贺秀三认为中国的法律史具有不同于西方的独特性，因此，他才得出了中国法秩序具有“情理法”的特征。而黄宗智则并不赞成这种文化相对主义，即极端意义上的“法律的地方性”，他通过考察清代至民国乃至新中国成立后的法律制度，试图找到“关于一幅中国历史变迁的动力和型式的内容连贯一致的图画，这幅图画既是经验的又是理论的，同时又没有陷入上面所勾画出的种种陷阱（西方中心主义和文化相对主义）”，甚至，“我们可以提出这样的问题：在这些历史演变型式中，哪一种可能与中国未来的另一种图景相关连”①。尽管在寺田浩明看来，②黄宗智依然存在无意识地把西欧近代的市民法模型作为普遍的发展模式引入清代的研究中的问题。那么，黄宗智关于清代法律制度之后的第二本书，也即关于清代与民国法律制度的比较研究又会是怎样的呢？

---

① 参见［美］黄宗智：《学术理论与中国近现代史研究：四个陷阱和一个问题》，强世功译，载贺照田主编：《学术思想评论》（第5辑），辽宁大学出版社1999年版。

② 参见［日］寺田浩明：《清代民事审判：性质及意义——日美两国学者之间的争论》，王亚新译，载《北大法律评论》（第1卷第2辑），法律出版社1999年版，第616页。

四

正是在上面我们讨论黄宗智第一本书的过程中，我们可以了解关于本书的背景性知识，以及作者为什么在本书序言中提到两本书要结合起来阅读，并且希望读者会被两本书结合起来的论证论据说服的原因。其中的逻辑似乎是明显的：由于民国法律制度和现代法律制度在性质和实践上具有很大的相似性，于是，通过对于民国与清代法律制度和实践的对比，则可以间接得出关于清代法律制度和实践的看法。换言之，在某种程度上，上面是一种“以今知古”的方式，而比较的方法则在其中起到了关键的枢纽作用。当然，一如前述，作者并不是以“知古”作为目的，而是试图找出“关于一幅中国历史变迁的动力和形式的内容连贯一致的图画，以及，在这些历史演变型式中，哪一种可能与中国未来的另一种图景相关连”。就这个角度而言，毋宁说作者的关怀依然是在中国的现在以及未来。事实上，作者在本书导论开篇即在相当程度上印证了上述逻辑，“本书提出这样一个问题：从 20 世纪初开始到新中国成立之前，中国的民事法律制度经历了怎样的变化与不变？提出此问题当然也是问什么是‘中国’或‘传统’，什么是‘西方’或‘现代性’,以及这些方面之间的内在联系与互相作用”。[①]在笔者看来,作者开篇提出的这一问题不仅是本书的主旨所在,甚至也是作者整个关于中国法律制度研究的主要关怀。

作者在本书导论中提到其关于清代到民国法律制度研究重点的一个转变,即起初打算以 1900 年至 20 世纪 30 年代的过渡期为重点,侧重于清朝最后 10 年的法律改革朝向中华民国民法与刑法典的转变。但随着研究的进展,作者发现要回答自己提出的问题,不能仅考察过渡期本身。民事法律制度的变化要在清末改革之前以及中华民国成立之后的比较中才显得清晰。因此作者将研究主题演化为对清代与中华民国民事法律制度的比较分析,主要集中在 1860 年至 1900 年与 1930 年至 1949 年的比较,超出过渡期本身。反而将过渡期的三章作为了本书的背景性部分来讨论。我们看到,这个研究重点的转变在相当程度上也昭示着:法律制度和实践的变化并不会也不可能与朝代的更迭呈现出严密的一致性,进而,如何适应(而非破坏)这种法律的特性,实在是立法者的重要使命。事实上,作者所描述的清末法

① 参见[美]黄宗智:《法典、习俗与司法实践:清代与民国的比较》,上海书店出版社 2003 年版,第 1 页。

律改革以及中华民国时期法律改革并未采取某种“激进变革”的方式,而是在相当程度上顺应了上述法律的特性。

本书并非是一项将清代与民国法律之间所有差异进行全面比较的研究,而是只注重那些与社会生活有最大关联的部分。而选择议题主要依照档案案例纪录中的诉讼频率为基准。这些议题内容分别归属于中华民国民法(总则之外)的四大编:物权编下的典卖土地与田面权;债编下的不履行债务责任;亲属编下的结婚、离异与通奸中妇女的“抉择”;以及继承编下的赡养父母。

在笔者看来,正如本书书名提示的那样,比较的方法可以视为本书的最大特色。在“如何进行比较”的方面,作者提到,在每一个案例中他都会首先考虑清代法律与民国法律的不同逻辑。两者面对不同的社会秩序,一个是小农(虽然部分商业化了)社会秩序,一个是资产阶级社会秩序。而比较两者的意图在于把一方作为另一方的参照面,以便揭示出两者的一些基本特性,这是“为什么要进行比较”的方面,我们在前面也已论及。在比较过程中需要注意的问题方面,作者依然念念不忘要避免两种陷阱,“重要的是要避免西方式的或欧洲中心论的先入之见。我们要自觉地批评那种现代西方对非西方‘另类’的优越性假定。从清代法律到模仿西方的国民党法律的转变并非像某些大陆学者坚持的那样是由落后的封建法律向资本主义法律的简单转变，也不是由非理性向理性、由实体主义/工具主义者‘卡地法’向马克斯·韦伯所谓现代法的转变，或由假定的中国没有民法到开明采用现代西方民法的转变。从一开始我们就要摒弃此类直线发展的、欧洲中心论的看法。然而我们也不应坚持‘中华帝国也有’的另一个极端，给我们自己提出任务去证明清代法律也具有合同与市场关系的资本主义因素，或清代法律也具备韦伯式的理性，或中国也具有西方民法的传统。这种论点根本上与上述论点同样地唯西方独尊，因为它假定现代西方乃放之四海而皆准的普遍标准，和正宗的现代化理论并无不同”。[①] 作者摒弃了单纯进行价值层面上高下比较的方式，而着力于描述。用作者的话来说，“我们需要问的是一方如何使另一方显得更为清楚，而不是假定（无论多含蓄）此方或彼方的优越性，或试图坚持它们完全等同。我们的目的应该在于阐明两者的内在逻辑与囿于文化的不同特性。在好的比较中，任何一方应成为使相反方更清楚

① 参见［美］黄宗智：《法典、习俗与司法实践：清代与民国的比较》，上海书店出版社2003年版，第3页。

的参照。不过同时我们也不能止步于仅仅把两者简单对立”。[①] 正是由这样进行比较的原则出发,作者认为,不仅要揭示出比较双方各自特点的“对照和差异”,同时也要阐明双方之间的“协调与适应”。为了解这些变化与连续的具体内容,必须摒弃传统对现代、中国对西方的二元论结构。变化与连续的过程涉及两者间多侧面的相互作用,既有妥协/适应也有反对/对抗,每一方都同时牵涉法典、习俗与司法实践的多个层面。

由此我们看到,作者将上述比较的原则和方法贯穿于三个层面:成文法、民间习俗及司法实践。作者认为,对清代与民国时期的确切比较不能仅以成文法为基础,因为那样会夸大实际的变化。清代与民国法律不同的指导意识形态与社会取向的确重要,但它们的不同也可能掩盖了习俗的基本延续及法典的实用条例与法庭的实际行为对习俗所作的重要让步。通过以上三个层面之间相互作用的考察,我们有可能了解自清代至民国民事法律制度的变化与连续。

我们知道,作者在第一本书中也运用了比较的方法,事实上,贯穿第一本书的主线就是关于表达和实践

① 参见[美]黄宗智:《法典、习俗与司法实践:清代与民国的比较》,上海书店出版社 2003 年版,第 3 页。

的比较。不过，第一本书的比较主要涉及一个朝代的官方表达与司法实践的比较，这在处理上只将其描述和罗列即可。而本书的主题则涉及清代、民国以及过渡时期的关于法典、习俗和司法实践三个层面的比较，因此比较的难度更大。相应地，在比较中就更需要某种超越价值评判进行比较的自觉。实际上，作者在本书结尾也总结了自己的比较方法。他认为，在本书对晚清法律与模仿西方模式的民国法律进行比较时，试图超出现代主义的假设看问题。“目的在于阐明两者经过明言以及未经明言的合理性，没有认为此优于彼。我的意思是通过把每一方都当作另一方的澄清性陪衬而把两者概念化和相对化。从这点上看，本研究的精神很有点后现代主义理论的精神，也有试图超越旧社会史中的含蓄的唯物主义的，曾被称为‘新文化史’的味道。”①就这个角度而言，相对于作者的第一本书，本书除了在内容和逻辑上承接了第一本书之外，还具有某种新的方法论上的意义。

贯穿本书的主题可以归纳为以下四个方面。首先是清代法律和习俗有关民事的概念结构，亦即逻辑。其

① 参见［美］黄宗智：《法典、习俗与司法实践：清代与民国的比较》，上海书店出版社2003年版，第200页。

次是清代现实中的司法实践,案件纪录告诉我们成文法如何被应用以及它在人们生活中意味着什么。再次是20世纪立法者对法律中现代概念的追寻,先是照搬西方模式、后是提倡西方法律与中国传统的结合。最后是国民党法院如何斡旋于立法者的意图与当时的社会风俗之间。

本文不再详细介绍本书中种种比较的具体结论。事实上,作者在延续了第一本书基本观点的同时,在具体的比较中揭示了许多富于启发性的论点。即使在已经研究颇多的晚清法律改革和民国法律改革的史料阐述方面,也给人耳目一新的感觉。不能不让人赞叹作者史学功底的深厚。

当然,在阅读本书以及第一本书的过程中,萦绕于心的一个最大疑问来自对史料本身性质的追问。黄宗智教授认为诉讼案件档案同时包含有关表达和行动的证据,这是他全部法律史著作的前提性论点。问题在于,诉讼案件档案基本上是由官方制作和整理的,根本而言,它们本身就是官方意识形态(或者说官方表达)指导下的产物,在此种情况下,它们又能在何种意义和何种程度上反映民间行动的实际图景?打个比方,倘或几百年后研究今天的法律制度,那么,我们今天的法院诉讼档案又能在何种意义和何种程度上反映今天的法律制度状况?

五

20 世纪享誉史学界的年鉴学派从人出发开辟了一种新的历史——总体史的道路。年鉴学派的代表人物费弗尔和布洛赫认为,他们所倡导的这种总体史包含了整个人类的生活。而要进行总体史研究,就必须打破所有学科和领域的严格界限和分离的状态,对人类生活的各方面因素进行跨学科的综合研究。为此,他们呼吁道:"目前,一方面,史学家在研究过去的文献史料时,使用着陈旧的方法;另一方面,从事社会、经济研究的学者日益增多。这两个方面的研究者,互不理解,互不通气。现在,在历史学家之间,在从事其他研究的专家之间,存在一种不相往来的闭塞状况。倘若一个学者除了埋首于各自的专长,耕耘各自的学术园地外,更能观察邻居工作的进展,那就最好不过了。可是,高耸的围墙往往挡住了远景。我们之所以站出来大声疾呼,就是针对这种可怕的分割状态。"①

① 参见[法]保罗·利科:《法国史学对史学理论的贡献》,王建华译,上海社会科学院出版社 1992 年版,第 17—18 页。

在我看来,中国法学界在很大程度上也存在上述学术和领域的严格界限和分割问题。法学的各个专业之间,部门法学与理论法学之间,法学和其他人文社会科学之间缺少交流,甚至彼此轻视;研究问题常常并非基于对理论的热情和现实的关怀,而是服务于理论之外的某种动机,如此种种,不一而足。

在这样的背景下,黄宗智先生的著作及其试图综合社会史、文化史和制度史的努力,对我们而言,不仅构成某种智识上的挑战,更获得了某种智识之外的意义。或许,我们也该呼唤某种"总体性"的法学?

海子忌日漫谈法律与诗歌

这是2001年在北大未名BBS法学院版当“斑竹”时为纪念海子而发的帖子。之所以想起这个旧帖，是因为在校友录上看到师兄师妹作的诗，然后就想，写诗真是不容易，既要驰骋想象，又要用凝练的语言把思想表达出来。而后又想：法律人是否适合写诗？法律职业的严谨特点对灵性诗歌的产生究竟是一种基于习惯的不利束缚，还是一种可作映衬的有益补充？

表面看来，法律是最讲求理性和逻辑的，而诗歌则常常是感性和跳跃的。现在将它们摆放在一起，当然并非仅仅试图对它们的“坚硬和柔软”的特质作一对照，而更重要的也许在于，它们之间是否存在某种隐秘的关联？法律学习会对写作诗歌产生何种影响？促使我们这样思考的缘由当然不仅仅因为我们当代的著名诗人海子曾经是学习法律的，以及我们对他的纪念的情感。还可以列举另外一些念过法律的诗人例子：歌德是学习法律出身，弥尔顿写过出色的政论和法律文章，里尔克曾经兼修过法律，海涅、卡夫卡是学习法律出身，徐志摩曾读过北洋大学和北京大学法科，等等。

一、诗和法律都是来自上天吗？

臧棣在对里尔克的评论中指出，里尔克对写作所持的态度是柏拉图主义的：作品只有来自神灵所助才具有永恒的价值。他把《杜依诺哀歌》《献给奥尔甫斯的十四行诗》都自视为犹如神助的作品。对于写诗过程中的那种神秘的灵感与创造力的关系，事实上，古今中外很多人都已经注意到，甚至认为诗本来就是来自上帝（或上天）的声音，我们古代甚至认为文章本就是天成的，而诗歌则尤为如此。

而在法律中也存在类似的问题，可以只举一个例子，在阿奎那的法律分类中，人法本来就由永恒法和神法演绎而来。我们人类的规则，是否本来就是上帝安排好的？是否存在某种应然的"理想国"？

二、"诗不可译"与"法的地方性"

我们总是说，诗歌是很难翻译甚至压根就无法翻译的。这说明了诗歌在相当程度上依赖一种文化和该种文化的语言。而法律也面临着上面的问题,吉尔兹曾经写过著名的文章《地方性知识:事实与法律的比较透视》,揭示了法律在相当程度上是该地区和文化的产物。于是法律移植也面临着许多根本性的与文化或碰撞或磨合的过程。

三、乱世于诗歌和法律的影响真的不同吗?

钱锺书先生有一篇文章专门讨论“诗可以怨”的问题。他提到,尼采曾把母鸡下蛋的啼叫和诗人的歌唱相提并论,说都是“痛苦使然”。钱先生继续举了古今中外的种种例子来说明痛苦或悲哀于诗歌的意义。甚至那些传世的诗常常是描述悲哀之情,而它的背景也常常是所谓“乱世”,像我们熟知的杜甫的诗。诗歌与痛苦,从而诗歌与乱世的关系值得仔细思量。不过,即便我们可以说乱世于作诗有助益,然而,似乎我们也很难说,这样的乱世是诗人本身所期待的(所谓“诗人兴”),客观的效果与主观的欲求毕竟是两个问题。

而这就又联系到了法律。我们知道,良好制度的形成以及对制度的尊崇需要一个相对稳定的环境,霍姆斯说,“刀剑乒乓作响的地方法律则默不作声”,汉密尔顿曾经分析英国制度的形成时也特别强调了相对稳定社会秩序的决定意义。

倘若假定上面的判断在一定程度上是正确的，那么，我们期待出色的诗人，还是期待稳定的秩序？而这二者是否又能够得兼呢？

四、诗歌是否应当受到法律的约制？

引发我提这个问题的是莱辛《拉奥孔》中的第二章“美就是古代艺术家的法律；他们在表现痛苦中避免丑”。文中提到，古代一些国家的法律就是从美的精神出发的。比如，赫腊诺第肯的法律。还有这样的话，“我们听说在古代人中间，连艺术也要受民法约制，不免要发笑。但是我们发笑，不一定总是对的。法律不应该向科学擅施强制，这是无可辩驳的，因为科学的目的在真理。真理对心灵是必要的，如果对这种基本要求的满足施加尽管是最微的强制，那就会是暴政。但是艺术的目的却在娱乐，而娱乐是可有可无的。所以立法者就应该有权决定，哪一种娱乐以及每一种娱乐在怎样的范围内是可以允许的”。

现在我们的问题是：第一，如果说诗歌乃是一种艺术形式，那么它的功能是否仅仅限于娱乐？进而，所谓娱乐的功能是否会在相当程度上抹杀诗歌对于个体言说的意义？第二,《拉奥孔》中法律对于科学不应约制的理由在现代社会中有了哪些变化？这些变化意味着什么？第三,也就是我们的题目,法律应该约制艺术乃至诗歌吗？

五、诗歌和法律都是有性别的吗？

不知道,诗歌和法律是否伴随着人类的出现(基督教说是上帝造人)而出现,不过,试图在时间上考察这一过程是否同一常常容易使我们陷入猜想的境地,而且,这一问题又在相当程度上依赖于我们对人、诗歌以及法律本身的界定——而事实上,在这些问题上,我们至今仍然无法达成共识。

然而,至少我们可以由这样两个无争议的事实——第一,人分为男女(第三性的问题暂时忽略);第二,诗歌和法律都是由或男或女的人们创造的——推演出这样一个可能的问题,即这种由性别的差异而导致的他们的创造物是否可能不同？如果不同,具体有什么表现,以及这些不同对于人类以及诗歌和法律自身有无进一步互动的影响？尤其是,这一问题的背景是男女的地位在历史中也呈现出了某种此起彼伏的变化状态。

事实上,女性文学和女权主义法学都已经成为我们身边的讨论话题。比如,中文系的戴锦华教授就开设了女性小说的课程,而法律系的郑戈也写过一篇小文字《法律的性别》——当然更为理论化的思考已经见诸各种理论书籍。

而从直观来看,从诗歌上来说,《诗经》中女子的哀怨似乎确实与男子的情感有许多差异,乃至后世木兰诗、李清照的词、林徽因的诗等,国外的比如白朗宁夫人的十四行诗、狄金森诗歌等,也都显示出了与男性诗歌的显著不同。而在法律领域,尤其是在司法领域,女性的思维视角和论证模式的影响已经不可忽视。

也许对此问题的讨论绝非为女权主义或是男权社会做辩护甚至反抗,而更主要的是激发我们智识上的灵感。

六、音乐——诗与法律的连接点

海德格尔曾经说过,诗有两个邻居,一个是吟唱,一个是思想,作诗居于两者之间。如果说,法律需要人的理性去思想,那么,音乐与诗歌、法律的关系是否就并非那么简单?

我们知道,诗并不单纯的是感情的外在化的产物,任何时候,一首真正的诗都有一种韵律或者说遵循着一种韵律,而内在于法律的或许并不仅仅是理性(在古希腊自然主义盛行的时期或许如此)和逻辑,而是一种规制,即一种服从,规制——服从才使律成为“律”。

诚然,诗是艺术的某种形式,但是,仅仅因为法律的理性而将其置于法律的对立面的理由可能并不充足。因为,根本来说,艺术和法律都是人们面对自然或心灵或社会时的某种关注和思想甚至冲动。

拿我们熟悉的曾经研习法律专业的海子来说,甚至从某种程度上,海子想要建立一座诗歌大厦的想法也许不能不说来自宪法精神。

海子曾经说,“我的诗歌理想是在中国成就一种伟大的集体的诗。我不想成为一个抒情诗人,或一位戏剧诗人,甚至不想成为一名史诗诗人,我只想融合中国的行动成就一种民族和人类的结合,诗和真理合一的大诗”。

我们可以注意到海子这段话中的关键词“集体”“民族”“人类”“真理”,当然,还有“诗”。

通常来说,诗歌总是个体的情绪或思想的抒发,而法律则常常(如果不总是)与集体、民族、人类等相关,甚至法律的起源和构筑基本上是以“集体”为前提的。这样一来,海子试图以个体性的诗歌来表达集体性的“真理”,其潜在的预设,似乎是他以为诗歌与集体和真理(用另外的词汇讲则是规律甚至法律)有着相当的关联。

摩尔雕塑及其他*

早就听说摩尔展览来了,不过,似乎一直也没有下定决心去看,我一直觉得自己在雕塑或者其他艺术上很难对于某种抽象形式沉迷。上周一位朋友告诉我,他已经去过了,而且还准备再去一次。这位朋友的鉴赏力我一向钦佩,于是便决定人云亦云跟风一把。今天是个阴天,美术馆里设了三个展厅,可能大致上是按照摩尔自己作品的三个主要方面陈列,即母与子,侧卧像,形体内外(这是我后来的猜测,当然也不完全如此)。下面说说我的一点体会和在里面记下的一些东西吧。

首先我要说的是艺术家对材料以及更为一般的,对艺术的态度。摩尔展览中雕塑的材料以青铜最多,石头次之,混凝土再次,这显示了他对材料方面的某些偏好。

* 2000 年在一塌糊涂 BBS 上的帖子。

事实上，演奏家与乐器、木匠与木料、石匠与石料、书法家与笔墨纸砚等之间的关系是值得我们思考的，甚而至于我们每一个人与我们自己的专业（专业这个词也是在近代才开始出现的，我们现在的时代已经不可能奢望出现像亚里士多德那样百科全书式的人物）。下面的一段摩尔关于雕塑的话可以揭示出雕塑家如何与他钟爱的材料之间达成某种和谐关系的过程。（我抄的是展览中的英文，因为我觉得中文的翻译个别有问题）

Carving

When first working in a hand and brittle material like stone, the lack of experience and great respect for the material, the fear of ill-treating it, too often result in relief surface carving with no sculptural power. But with more experience, the completed work in stone can be kept within the limitations of its material, that is, not weakened beyond its natural constructive build, and yet be turned from an inert mass into a composition which has a full form existence, with masses of varied sizes and sections working together in spatial relationship.

A sculpture must have its own life. Rather than give the impression of a smaller object carved out of a bigger block, it should make the observer feel that what he is seeing contains within itself its own organic energy thrusting outwards if a work of sculpture has its own life and form, it will be alive and expansive, seeming larger than the stone or wood, from which it is carved. It should always give the impression, whether carved or modelled, of having grown organically, created by pressure from within.

上面这段话摆在了第一展室比较靠前的位置,我认为也可以视为摩尔对雕刻和艺术的一般看法。他的言说不是凭空的,而是通过对具体材料的把握来说明的。他告诉我们,对材料,我们要有“respect”甚至“fear”,而这种对自然的敬畏之心甚至比后来的技巧还要重要得多。艺术当然要讲求技巧,然而这要在对材料逐渐熟悉的过程中不断提高。他告诉我们要适应材料本身的

“limitation”,并努力发现材料可能的“own life”。这样一个过程,看似简单,然而又是多么不易,甚至其境界可能是无穷无尽的。雕刻的工具较绘画要简单得多,很少有色彩的借用,所以雕刻家必得运用综合,超越现实而进入到想象的领域。但是,也正是在这里,可以显示出不同雕刻家不同的心灵,他对自然体悟的角度和深度。

甚至上面的关系都可以让我们想得更多,我们知道,在马克思的历史唯物主义中,生产力的要素中有劳动者、生产工具和劳动对象,或者对生产工具的运用在某种意义上就是劳动者与劳动对象关系发展到一定程度的体现,而当猴子会用一块石头削树枝的时候,人便出现了,或者人类艺术的某种萌芽便也开始出现了。我们甚至可以想到杨过和他的重剑,重剑是玄铁,杨过需要熟悉它,需要在波涛中磨炼,需要经过举重若轻、至刚至柔的阶段,而他最后已经可以用木剑了。在我们的艺术家那里,到了最后,自然中一切都可以是美的了,比如罗丹的“欧米哀尔”,“丑得如此精美”。我们也可以想到学者与他钟情的专业,在利奥波德的《沙乡年鉴》中甚至将历史学家的技艺用对锯子、楔子和斧子的使用来形容。

其次,说一下理解摩尔可能需要注意的一点,我得承认，摩尔的不少雕塑是挺难理解的，甚至一些无论如何都想不明白，比如在第一展室里看到的一组浮雕，是“working model for Time/life”，共四幅。我站在面前好久，都没有琢磨出个所以然来。不过，我在第二展室里墙上看到的一段话，我觉得对于理解他的整个作品很有益处。虽然这时，我已经不能再回到第一展室里琢磨了。

Figure and landscape

I realised what an advantage a separated two piece composition could have in relating figures to landscape, knees and breasts are mountains. Once these two parts become separated, you don't expect it to be a naturalistic figure: therefore you can justifiably make it a landscape or a rock.

The two and three piece sculptures were experiments and you must experiment. You do things in which you eliminate something which is perhaps essential, but to learn how essential it is you leave it out. The space then become significant…If you are doing a reclining figure you just do the head and the legs. You leave space for the body, imagining the other part even though it isn't there. The space then becomes very expressive and you have to get it just right…

摩尔的雕塑基本不是写实的,在他那里,头部的形状不能说不重要,但至少可以说意义不是十分明显,许多头像大致上都很相似,只有在一个叫作“国王与王后”的雕塑中,头像的差异是一个起着很明显作用的东西。因而看他的雕塑,总是需要人去不停地思考和想象。在他那里,空间如何运用似乎非常关键,看他的生平介绍里提到,他的母与子的整个主题都与他观察到某种大的套着小的形状有关,他在一个博物馆里观察一个盔甲几个小时都没有挪动,他还仔细地观察蜗牛身体的形状。不仅如此,他还将一个形体按照他的想象解构(解构这个词现在用在了好多地方,然而似乎用在雕塑上是再恰当不过了),从而形成新的意象。

接着,我要说说摩尔的风格了。其实,对于任何一种艺术形式,无论我们是行家里手,还是仅仅是观众,只要有兴趣,都还是可以说些感受的,我现在的想法就只是些感受,我估计这辈子是没法子不做观众了。当我们年纪越来越大的时候,眼前的路便会越来越窄。我们期望着有一个小小的地方自己可以做好主人,然而更大的可能是我们永远都在流浪之中,更多情况只是在路上别人家的屋子里偶尔地歇歇脚,喝杯咖啡。永远在路上,永远做着观众,这也许是我们许多人共同的生活方式。

看了摩尔回来,我无法不承认,他是一个大师级的人物,像许多文字描述的那样,它们没有言过其实,甚至言语无论如何也代替不了直观的活生生的表达。然而我也要承认,我的心里并没有产生我看米开朗基罗或是罗丹的仅仅是图片的雕塑那样强烈的震撼。他们的雕塑可以唤起我心中的激情和对自然的热爱,那是一种自然而然的,无须思索的感觉,他们的雕塑将感性的愉悦和理性的深刻结合得无与伦比。而摩尔的雕塑首先当然也可以在直观上给人深刻的印象,然而无论如何对其作品意义的思考是更为关键的一环。摩尔不是不热爱自然,他说过“I can never read on a train, I have to look out of the windows in case I miss something”,然而他的自然是经过整理的更为抽象的自然(我的意思不是说罗丹等人心中的自然不抽象,事实上在《罗丹艺术论》中,我们可以看到他说艺术家眼里的自然当然与真实自然不同,这也是他认为摄影庸俗的原因,当然摄影的价值又是需要另外再讨论的问题),我只是说这种抽象的程度已经比罗丹等人走得更远了。

这也可以从昨天展板上对摩尔经历的描述中得到印证,他好像曾经在20世纪20年代去过意大利,待了6个月,等他回去之后,他发现他满脑子都是那些意象,与他从前的理想产生了严重的冲突,甚至使他产生强烈的无助感觉。(这好像与前面对摩尔的介绍有一点不同)然后他回到了大英博物馆,在里面整天端详那些古代的东西。接着他才得到某种解脱。

事实上,艺术家寻找、开辟崭新道路是非常艰难的,他们在努力挣脱我们开头提到的那种观众命运的时候,眼前是某种不确定性的深渊,而没有我们做观众时那种喝咖啡的随意。傅雷曾经提到,每一种艺术要得以发展和开辟道路,最终都要到自然中去寻找(大意如此)。我想,在米开朗基罗和罗丹之后,在雕塑的写实方面无论如何都会有站在巨人肩膀上的那种战战兢兢和摇摇欲坠的感觉,因而,开辟道路对艺术的贡献虽毋庸置疑,然而,或许也是那些后来人某种不得已的困境吧。

然而,对艺术家来说,使自己做一个真正的人,经历

磨炼和斗争,无论如何都是最重要的。摩尔说:

> A sculptor needs to be able to see form completely, and you can only understand three dimensional form with a great deal of experience and effort and struggle. You can only do that, if you try to correct yourself on something that you feel as intensely about as the human figure. The construction of the human figure—the tremendous variety of balance, of size, of rhythm—is much more difficult to get right than an animal or a tree.
>
> You cannot understand anything without also getting emotionally involved. It isn't just academic training, it really is a deep, strong, fundamental struggle when you are drawing the human figure.

其实,对于我们每一个在路上的人,又何尝不是如此呢?

为星象学一辩

看萧瀚兄这两日为星象学辩论的情景，声援一下。有些人将谩骂当作言论自由的一部分，只能说明在法律知识和道德修养上都有相当的路可走。虽然我对星象学是不怎么信的，但我至少觉得有趣，在这个荒诞世界中，有趣难道不是很重要的吗？

20世纪20年代，中国思想界有过一场“科学与玄学”论战，张君劢、梁启超、丁文江、胡适、吴稚晖、陈独秀等人悉数登场。但无论观点如何，大家都在摆事实讲道理，没有动辄说对方愚蠢的。科学、理性很重要，但当然有诸多不及之处。科学可以帮你给心上人发一个短信，但没法帮你预测她看到后是否会内心欢笑。

基斯洛夫斯基的电影《十诫》里有个故事：一个小孩喜欢在家门口湖面上滑冰，但冰的厚度会随气候变化因而不确定。他父亲是一位数学家，同时又精通计算机，信奉理性是全能者,相信一切都可计算出来。圣诞节前小孩打开计算机询问结果。上边说:I am ready。但当他欢快滑冰时冰面破裂,悲剧发生了。

真正的大科学家反而常常对理性不及有较深认识,甚至绝大多数都非无神论者。牛顿说,“科学与上帝伟大的创造相比,不过如一个孩子在大海边偶然捡到一片美丽贝壳而已”。爱因斯坦说,“我相信神秘,坦率地讲,我有时以极大的恐惧面对这种神秘”。帕斯卡尔说,“两种过分:排斥理智,仅仅承认理智”。

近代以来,随着培根倡议用经验试验作为知识基础,学者们越来越相信,人的推理是最有力的工具。但不久产生了一个问题,即“人怎样获得真理”。休谟说一切科学都同人性有关系。康德对此驳斥,但也承认“我不能如实地认识事物本身,只能认识事物呈现给我的情况”。甚至数学学科发展的过程同时也是其确定性丧失的过程。

理性全能在政治社会法律领域的集中表现,思想上以边沁为代表,试图建立一种完善全面的法律“全景式地图”,用一种“万全法”洞察社会生活的每个角落。实践上的典型是通过计划来掌控一切。哈耶克说,这是“通向奴役之路”,赫胥黎说,这是可怕的“美丽新世界”。

我不怎么信宗教和星座。之所以为这些看上去“非科学”的东西辩护,除了基于言论信仰自由的权利理由、“有趣好玩”等审美理由外,甚至还有与科学并不矛盾等“求真”理由。科学史上的重大发现,常常不是理性和逻辑推演的结果,而是激情、直觉、非理性的产物。天才的灵光一现,也许来自多年前美丽姑娘的动听琴声也未可知。

或者比如数学家张益唐看到的那只梅花鹿。

评杨小彦《傻瓜机：对摄影的谋杀？》*

一

当我们将摄影置于整个艺术史的背景中便会发现，摄影的出现是对美术的极大冲击。手边的一本《世界摄影史》中提道："当一种艺术模拟其他艺术的特质时，那么这种艺术就开始衰落。事实上学院派的绘画，在承认摄影的现实价值时，以及摄影的模仿绘画效果而抛弃现实主义时，堕落就开始了。可是由于这两种艺术十分接近，那么新艺术就开始了。"可以看出，摄影当初对绘画有着剧烈的影响，而随着摄影器材的不断更新，傻瓜机的出现确实又给我们带来了新的问题，正如杨小彦在《傻瓜机：对摄影的谋杀？》一文中所言。

---

* 2000 年在一塌糊涂 BBS 上的帖子。

问题的关键在于,一直以来,艺术就被视为而且事实上就是少数人的事情。时至今日,音乐、绘画等仍是一个需要天赋和后天艰苦努力才能习得的技艺,而摄影对普通民众而言,无疑是一门容易得多的"艺术"——如果也可以称为艺术的话。这个少数人与多数人之间关系的问题,绝不仅仅是艺术、摄影等方面的问题,它当然也是一个文学的问题,或是历史的问题,或是政治哲学的问题,或是其他任何单一学科思考或涉及的问题,甚至可以说和我们每一个人的日常生活密切相关。

事实上,摄影术在对绘画产生冲击的同时,也在规定和探索着自己的道路。当绘画由于摄影的出现而无法将文艺复兴以来的写实游戏继续很好地玩下去的时候,它们也逐渐走出了某种崭新的道路。此时,摄影术尚没有走出一种可称之为艺术的道路(虽然对艺术的定义依旧是一个非常复杂的很难说清的问题,然而我们凭直观就可以觉得仅仅是简单地对外界的复制肯定不是一种有前途的艺术形式)。所以,最初摄影仅是人类学田野调查的工具。摄影真正的文化自觉是布勒松的"决定性瞬间"的美学。他认为"一张优秀作品和低劣之作相差的只是毫厘",最重要的是在适当的时候对适当的对象揿下快门。这是摄影艺术在方法上的关键性革新。

之后，摄影艺术在此方面的革命已经成为问题（因为摄影革命的空间远比绘画要小，而且前面已经有布勒松等大师）。于是，从题材的多样性中寻求出路便应运而生，也就是说，怎么拍并不重要，重要的是拍什么。当然，在此过程中也有着方法上的某种变革，比如，究竟是抓拍还是摆拍等的尝试和讨论。最终，一大批并非出身摄影专业的人们（他们可能原来从事其他美术创作）进入这一领域，使摄影进入某种"美术学院摄影"取向中的境地（通俗地讲，就是学院派）。而傻瓜机的出现，又使在摄影技能和美术创作方面并无专门训练的人们参加进来。根本的一点，纪实是摄影的灵魂，而世界上题材的多样性为摄影艺术（倘若是艺术）提供了可能。

所以，在此背景下，杨小彦文中所提到的傻瓜机对摄影的谋杀（这只是一种象征性的说法，或许不必对它的字眼太过认真），以及傻瓜机摧毁了摄影的专业壁垒，进而所谓民主化、个人化等问题，便变得容易理解了。而且，该文在某种程度上只是揭示问题，并没有简单地给出自己的价值判断。

至于这一问题牵涉的少数人和多数人的问题，当然不仅与艺术领域中的专业化和大众化相关。它无论如何也是其他领域中的基本问题，比如，文学中陀思妥耶夫斯基《卡拉马佐夫兄弟》中“宗教大法官”一章中的描述,政治哲学中柏拉图《理想国》关于不同等级人群的阐述,历史究竟是精英的历史还是大众的历史,等等。根本的,人类都要面对这一事实:人和人在先天和后天方面都有着巨大的不平等,但却平等地(都)有着强烈追求幸福的种种需求。

在罗丹等人的时代,人们依然对摄影有着种种怀疑。而后来摄影的道路也一直徘徊在艺术与非艺术,摄影专业与其他美术专业人员以及众多的大众之间。或许,当我们了解历史之后,我们也就会对今天的种种问题有更深刻的了解,也才会走好前面的道路,无论我们是专业人士,或者,仅仅是一个路人。

二*

补充几点意见。

第一,无可否认,杨文有着自己的某种取向,但是,他并没有如你所说的“看不惯普通人拍的没有专业水准的照片卖了好价钱”,甚至去嫉妒和“愤愤不平”,我想你的文章并没有给出论据。事实上,他只是揭示了傻瓜机

---

* 此部分为回复网友质疑。

出现之后给摄影艺术带来的某种挑战，而在他的行文中，也基本上对双方的立场均给予恰当关照。一方面，在艺术上，他承认傻瓜机的出现确实对影像构成某种挑战，而在我们的消费社会里它又具有了不同寻常的含义。另一方面，他也说“傻瓜机提供了一个历史性机会，使真正意义上的私人摄影成为事实”，“把人民大众从解读影像经典的沉重负担中解放出来，使读图变成轻松愉快的视觉消费游戏”，甚至他都将它提高到民主化与个人化有力象征的高度。

第二，艺术从来都是少数人享有的东西（注意，我是就实然的角度而言的，并不涉及应然方面），它的精英性不是自封的，而是某种选择的结果。而在此一过程中，并不意味着它是封闭的，它不对普通民众开放。事实上，艺术的精英性与大众性从来都构成某种值得思考的紧张关系，而强调艺术的精英性也并不必然导致对普通大众的轻视。

其实，每一个职业或是学科，都存在类似的专业化与大众化的问题。在杨的另一篇文章《他们的历史》（载《读书》2000 年第 10 期）中，他对普通民众的关怀感人至深，而对精英的摄影的反思也足够深刻和有力。

第三，你的文章说他最后得出了谋杀论，在我看来这并不符合事实。请仔细看杨文的最后一句话,“……究竟是傻瓜机谋杀了摄影,还是摄影谋杀了自己,恐怕只有那时的人类才能回答了,尽管这个问题今天看来压根儿不是问题”。其实,所谓“谋杀”云云只是某种表达的夸张手法而已,我们似乎不应该过于专注于字眼。

第四,杨文并不构成对后现代艺术的排斥。他或许有着自己的取向,从艺术的角度来看,他或许更喜欢所谓的经典摄影,但这种私人意义上的偏好无论如何都是每个人的权利。我们每个人都有喜欢布勒松,喜欢罗丹,喜欢米开朗基罗,而不喜欢其他一些作品的权利。问题的关键在于他对即便是他不喜欢的东西究竟是宽容还是专断。在我看来,在这个问题上他经受住了考验。

李零·王国维·伽达默尔

前阵子网上关于李零新著《丧家狗——我读〈论语〉》的讨论热火朝天，有一篇颇细致有力的文章《李零的问题》当中提到，李零的问题之一在于不懂解释学原理。大意是，李零的“我宁愿尊重孔子本人的想法”这种说法从解释学原理来说基本上不靠谱。这让我想起了王国维《人间词话》中的一段。我的问题是：倘若以解释学原理来分析王国维的这段话又会出现什么情况呢？

有有我之境，有无我之境。“泪眼问花花不语，乱红飞过秋千去”，“可堪孤馆闭春寒，杜鹃声里斜阳暮”，有我之境也。“采菊东篱下，悠然见南山”，“寒波澹澹起，白鸟悠悠下”，无我之境也。有我之境，以我观物，故物皆著我之色彩。无我之境，以物观物，故不知何者为

> 我,何者为物。古人为词,写有我之境者为多。然未始不能写无我之境,此在豪杰之士能自树立耳。

从这段文字可以看出,王国维认为词分“有我之境”和“无我之境”,有我之境大致上是说词中可以看出作者来,而无我之境则从中并不见作者。那么,如果按照解释学的原理来看这段话的结果是什么呢?答案是,基本上不靠谱。解释学里有个“前见”的重要原理,伽达默尔在《真理与方法》中说,“如果我们想正确地对待人类的有限的历史的存在方式,我们就必须为前见概念根本恢复名誉,并承认有合理的前见存在”。“前见”这个东西是作者无论如何宣称自己没有但却又扎扎实实存在的。也就是说,根本不存在所谓的“无我之境”,所有的“无我之境”归根结底都是“有我之境”。

这样,真实是真实了,可似乎总觉得有些别扭。也许有点类似非要用显微镜去看美女脸上细胞是如何分布的一样。解释学的确是好的显微镜,但问题在于,难道所有的事物都适合用它去观察吗?

再回到关于李零的批评,从解释学原理来看,当然所谓“孔子本人的想法”根本无法完全还原,但倘若将此放大作为对李零问题的根本质疑,是否同时又遮蔽或放大了一些东西呢?比如这里可能至少遮蔽了这样一个问题,即孔子本人的想法的确无法完全还原,甚至从解释学来看根本不存在所谓的"孔子原意",但是我们至少可以对哪些材料更接近孔子本人的想法作一个排序,解释学的追问并不能代替训诂学上的努力。李零当然无法完全还原孔子的想法,但这并不意味着可以否认,李零认为的关于孔子的某些材料比另一些材料更接近孔子原意的论述是根本错误的。也许,前几年在法律思想网上曾经讨论过的古典学中的一些批评规则可以作为对材料进行价值排序的佐证:

> 1. 如果不懂拉丁文,不要去批评别人的拉丁文译法,更不要假定别人不懂拉丁文。2. 如果不懂拉丁文,又实在想批评,就应按下列优先顺序选择替代文本:(1)现代拉丁语系(包括意大利文、西班牙文和法文)文本;(2)若还是不懂,则选择现代日耳曼语系(包括英文和德文)文本;(3)若还不懂,则选择阿拉伯语文本,因阿拉伯语是中世纪时除拉丁文外承载古希腊和罗马文化最多的语言。若是上面的语言

> 都不懂,或文献无法取得,则应放弃批评的企图。中文和日文对罗马文化来说都属于“异质”文化,中译本和日译本都不能作为批评直接源自拉丁文的译文的依据。

啰嗦了这么多,其实我的想法简单来讲就是,阅读和评论李零的著作要在大处着眼,能否还原孔子原意等解释学问题当然可以提,但不要太较真,不要因此遮蔽了对于李零著作具体内容的具体分析。

伽达默尔其生也晚,没来得及让王国维看到。不过,或许王国维懂了“前见”等解释学原理,反倒写不出《人间词话》这样的性灵之作了也未可知。哲人不常为诗人,或许就是这个道理。

温柔的含义

前些天一位好友给我看他新作的小说,后来又打了一个小时的电话,从小说的具体内容结构文字聊到一般的小说理论,总之聊得比较混乱。后来我便重翻昆德拉的《小说的艺术》[①],倒是看到了以前不曾注意的关于"温柔"的定义。觉得有趣,就把它记下来。

昆德拉回答"温柔到底是什么"时给出了三种定义:

1. 当我们被抛到成年的门槛上,当我们在童年时并未理解到的童年的好处被我们不安地领悟到,在那一刻,温柔便产生了。

2. 温柔,是成年给我们唤起的担忧。

① [法]米兰·昆德拉:《小说的艺术》,孟湄译,生活·读书·新知三联书店1992年版。

3. 温柔,是创造一个人为的空间,另一个人在里面像孩子一样被对待。

仔细看来,上面这三种定义似乎都与时间有关,甚至更为具体的,都与成年与童年的某种关系有关。进一步说,昆德拉也许认为,“温柔”这个词根本上是属于成年的,是属于带有童年感觉的成年人的。而孩童之间的温柔或者并非温柔。倘或如此,便意味着我们每个人内心都藏有温柔的种子,正如我刚看到的慕容雪村的一篇小说的题目,“谁的心不曾柔软过”。但更为严峻的问题则在于,我们如何培育这颗人人都有的种子——特别是当我们年纪越来越大距离童年越来越远的时候。

《现代汉语词典》中“温柔”的词条解释是这样的:“温和柔顺(多形容女性)。”这个解释似乎一下子就把大多数男性的温柔种子扼杀了。

《辞源》当中没有专门的“温柔”词条,不过有“温柔敦厚”的词条可以参考,值得注意的是,它似乎还给出了培育温柔种子的途径。“温柔敦厚”:“温和宽厚。礼经解:‘温柔敦厚,诗教也。’疏:‘温,谓颜色温润;柔,谓性情和柔。诗依违讽谏,不指切事情,故云温柔敦厚是诗教也。’”

接下来的问题便是,温柔到底有什么用呢?

我忽然想到了小时候读到的席慕蓉。她在《无怨的青春》中的一句话也许可以部分地回答这个问题:“在年轻的时候,如果你爱上了一个人,请你,请你一定要温柔地对待他。不管你们相爱的时间有多长或多短,若你们能始终温柔地相待,那么,所有的时刻都将是一种无瑕的美丽。”

但是,“温柔”这样一个词语难道适合这样一种实用主义的提问吗?不解温柔的人又需要这样一个并不实用主义的回答吗?

我们也是在雾中前行的人

“恶法非法”与“恶法亦法”之辩，折射出一个心系法治命运法律人的某种困境：一方面，需要遵循既定法律；另一方面，又可能会对现行法律进行批判。这种法律解释学和法律政策学的双重面向，保守和革命的气质彼此纠结，的确常使我们陷入迷惘。但唯其如此，清醒坚定地秉持程序正义理念才显得尤为重要。

这段在微博上的“灌水”让我想起一部电影《雾中风景》来。其实，当下中国的法律人，其困境不就是因雾中追寻风景而产生的问题吗？

两个孩子，姐弟俩，为了寻找他们的父亲——这个事实上已经是渺然的梦，在潮湿的大地上，一次次地踏上列车却由于没有钱而被赶下来……他们经历了许多，终于到达了他们想去的德国边境线。然而他们始终充满着渴望以及由此而来的动力，正如影片开头姐弟俩简洁的对话那样：

“害怕吗？”“不害怕。”“我觉得父亲好像离我们好远，虽然在梦里觉得伸手就可以够到他。”

不知道是否有着默契，昆德拉也曾说过，“我们是在雾中前行的人”，雾或许可以使我们感受到轻灵的美丽，以及（也许更为深刻的），宿命的忧郁。我觉得，影片中的一句台词其实恰好从另外的维度上展现了这种状态：“忘记了时间，却又在赶着时间。”

“雾”对应着“时间”，“前行”对应着“赶”，这些都是撞击我们灵魂的词汇。

我的问题是，在“雾”中，在“时间”的流淌中，究竟有哪些东西可以作为我们“前行”和“赶”的动力？

影片中姐弟俩的梦至少在某种意义上是可能实现的，因为至少他们父亲的存在是一个确凿事实。然而，对于我们许多甚至不知道自己梦想的法律人来说，法治愿景能否实现，这无论如何会构成一个严重的问题。

影片当中，当天上飘下雪花的时候，人们都从屋子里跑出去看，静静地仰望着天空；弟弟看到一匹马慢慢死去的时候，伤心的哭了。

莫非，这自然中的静穆和心灵中的温情才真正可以作为我们的依托吗？——或者，它们也只构成某种隐喻？

《一代宗师》

——坠落时代的武侠电影

晚上去看了昌平最后一个场次的《一代宗师》，我觉得这可能是我看过的最好的武侠片。

一直觉得武侠可以成为中国最好的电影主题，尤其置于近代这个背景。此时，国家的命运在坠落，武术的命运也在坠落。国家的命运坠落源于中国和西方的相遇，中国历史成为世界历史的一部分，武术的命运坠落源于古代社会势所必然迈向现代社会。热兵器的功能远远超越个人的肉身范围。武术坠落的现代命运有点类似本雅明所谓“发达资本主义时代的抒情诗人”或者“机械复制时代的艺术作品”，只是更与家国命运隐约联系在一起。因此其坠落就不仅表现为武术的悲剧，武林的悲剧，更是家国的悲剧。此时若能在这两种坠落的大时代中描绘那些轻盈的上升的东西，例如侠气、胆识、爱情、亲情种种，那么这种轻与重之间无可奈何的碰撞一定非常动人。

我猜王家卫拍《一代宗师》时大概会想到孟子的大丈夫精神“富贵不能淫，威武不能屈，贫贱不能移”。影片中三个背景也大致呼应：金楼的富贵，日寇的武力，市井的琐屑。三个场景中各有其众生相。叶问、宫二的情爱难处理些，因为过则至于富贵淫思，不足则伤及个人自由。让他们在鼻尖、纽扣、红唇中归于默然寂静最好。

不过可惜的是，梁朝伟饰演的这个角色不够丰满，至少比章子怡饰演的角色要相差不少。章子怡的角色尚且有国仇家恨、礼教男女、肉身灵魂种种冲突，但梁朝伟的角色一生却没有大的时代参与。只有比如不食日本人大米、亲手砍木头那些场景时可见个体命运的悲剧，但似乎仍旧够不上“一代宗师”的称号，更多的是“见自己”，谈不上“见天地”乃至“见众人”的境界，难怪要被亚萍师妹说成国仇家痛之下还想着泡妞。当然，从同情的理解角度来说，我倒不认为叶问一定是泡妞，男女之间的情愫或者会更复杂一些吧。当然，故事最终将内地武林故事推演到香港市井环境，不知道是导演的哀叹，还是反讽，抑或乡愁。光影色让人想起王家卫的另一部影片《春光乍泄》，那是大时代下的轻盈情爱。一切的一切，或者都不过是“无可奈何”四个字而已。期待看到传说中四个小时的未剪辑版。

看这部影片，顺便让我想起从前在北大听过一次李欧梵教授的电影讲座，那时他就对王家卫《春光乍泄》的光影色赞不绝口，然后看戴锦华教授的一些影评，也是充分思考王家卫的复杂性。我觉得这也许可以给随便吐槽的我们一个启发吧，就是不要轻易以为导演这不对那不行，尤其是大导演。谦卑或者是评论之始。

在土匪和县长之外寻找第三条道路

看了《让子弹飞》，这是一部成熟的政治寓言电影。姜文的四部电影，《阳光灿烂的日子》《鬼子来了》《太阳照常升起》《让子弹飞》，其主题似乎恰好对应少年的烦恼，青年的悲歌，中年的迷离，老年的成熟。政治是世上最成熟的事情，只是姜文试图加入一些浪漫。

影片是英雄的土匪与革命的群众共同消灭狡猾的恶霸的故事。对群众起作用的有且只有并且永远只有两样东西，一样是银子，一样是枪杆子。《卡拉马佐夫兄弟》里的"宗教大法官"一章中说的也是这个道理。只是，姜文饰演的张麻子没有像宗教大法官那样被抓起来。他给观众和自己留了个念想。

影片当中，六子问张麻子，是否能找到土匪和县长之外的第三条道路，张麻子在莫扎特的音乐声中说，要漂洋过海去学习。这让人联想到阿克曼教授的问题,我们能否在"永远革命"和"革命的健忘症"之外找到第三条道路?电影告诉我们,结果是,勇敢的六子死掉了。

我们莫说没有"深思熟虑和自由选择"的智慧,甚至都已丧失了"以暴制暴"的勇敢。傅雷说,不经过战斗的舍弃是虚伪的,不经劫难磨炼的超脱是轻佻的,逃避现实的明哲是卑怯的;中庸,苟且,小智小慧,是我们的致命伤。姜文电影宣扬的勇敢精神因此具有特殊意义。

葛优的角色颇可玩味,苟全性命,善于投机,有点墨水,或许是知识分子的形象吧,导演给予这个角色以同情,给予葛优以亲热,但给予背后的知识分子以看不起。

《云图》

——对永恒自由和爱情的礼赞

刚在电影院看完《云图》国语版。也许是之前看了此片的差评帖子,期待并不很高。不过结尾的台词仍然让我的眼睛湿润了。

我没有看过同名小说,对梗概情节也完全不了解,因此开头几分钟不明所以。不过随着情节渐次展开,似乎终于知道了这部影片的主题,那就是:在时空穿梭的各个场景之中,存在着永恒的奴役、暴力、贪婪种种,以及同时,人类对自由和爱情的永恒追求。知道了这个主题,又联想到小说里张三丰教张无忌练太极拳时,让他忘记具体招式,“得其意而忘其形”,那么银幕上那些人物、情节、场景的衔接变换果然就开始贯通自然了。

我不了解原著文本的结构,但我想电影语言在结构上很可能也会呈现一些新东西,尽管当然可能也会失去文字的一些特质。例如同一个演员担任不同故事中的不同角色,一把枪随着镜头切换会改变持枪人和中弹者的具体背景,等等。尽管看似杂乱无章,但也更真切地传达出,无论怎样变幻,人性中的可怕和美好都是永恒的。甚至,某种意义上,变幻更加凸显了永恒。我想这种“永劫回归”或者“永恒轮回”的世界观是电影的一个大的基调。

当然,电影对永恒轮回中人类奴役、暴力状态和对自由、爱情追求的描绘不是凭空的,它是通过一个个不同时空的具体情境和问题展现的,例如种族关系(黑奴),雇佣关系(音乐家和助手、医生和病人),科技异化(克隆人),老人院的压制,同性恋,等等。这些让人想到福柯、韦伯、扎米亚京、赫胥黎、奥威尔等一位位伟大作者所揭示的现代人的命运,以及现代社会在平等自由张力中的难题:哪里存在着不平等,哪里便不自由。正如马丁·路德·金博士所说的:Injustice anywhere is a threat to justice everywhere。

有一些电影台词也让我印象深刻。例如:

> 爱超越生死。
>
> 我们的生命不是我们自己,从子宫到坟

墓，我们和其他人紧紧相连。无论前世还是今生，每一桩恶行，每一项善举，都会决定我们未来的重生。

还有结尾虽然平常但让我眼睛湿润的对话："你生命的价值不过像是无边无垠的海洋里的一滴水。""但是如果没有众多的水滴，哪会有海洋呢？"

因此我把这部影片视为对永恒自由和爱情的礼赞。

民主式育儿的困惑

看到一篇文章,大意是国外有一个研究,说有两个儿子的家庭比较稳固。我看着心下甚喜,正想转给老婆,就看到后面说这个结论在中国不大靠谱。为什么这么说呢,文章回答父亲在家庭中对儿子的投入程度会比女儿更高,从而夫妻有更多共同的育儿参与时间,而这会正向影响夫妻感情,但是在中国这个假定似乎不存在。

说实话,自从我当了爹,尤其是两个男娃的爹之后,头大之余,我也常常在想怎么育儿。甚至我在上课时也想着课程内容会不会和育儿有什么关系。

今年外国法制史课程我列的参考文献包括这两本书:查士丁尼的《法学总论——法学阶梯》和卢梭的《社会契约论》。仔细想想,这两本书中的一些话倒是可以代表育儿的两种模式。

《法学总论》:“在我们合法婚姻关系中出生的子女,

都处于我们的权力之下……2. 我们对子女所享有的权力是罗马公民所特有的,任何其他民族都没有像我们这种对子女的权力。”

《社会契约论》:“一切社会之中最古老的而又唯一自然的社会,就是家庭。然而孩子也只有在需要父亲养育的时候,才依附于父亲。这种需要一旦停止,自然的联系也就解体。孩子解除了他们对父亲应有的服从,父亲解除了他们对孩子应有的照顾以后,双方就都同等地恢复了独立状态。如果他们继续结合在一起,那就不再是自然的,而是志愿的了;这时,家庭本身就只能靠约定来维系……因而,我们不妨认为家庭是政治社会的原始模型:首领就是父亲的影子,人民就是孩子的影子;并且每个人都生而自由、平等,他只是为了自己的利益,才会转让自己的自由。全部的区别就在于:在家庭里,父子之爱就足以报偿父亲对孩子的关怀了;但是在国家之中,首领对于他的人民既没有这种爱,于是发号施令的乐趣就取而代之。”

我觉得第一种大概可以称为权威式的,第二种姑且称为民主式的。虽然卢梭在政治哲学史上常常为人诟病,但我觉得他这些话说得还是很精彩的(当然,你要细细琢磨并以古讽今那也是要不得的)。

接下来的问题是,作为一个父亲,我们究竟愿意采取哪种方式进行实操育儿。比如我和老婆经常会有争执。她说我们绝对不能打孩子,无论出于何种原因。但是我就在小心地质疑,如果儿子犯了大错,比如爱玩电源,那么我们和他讲民主讲教育方式,那么很可能就让他感受不到强的刺激,因此会一试再试。这样我们就可能没了儿子。

但是采取强力手段难道就能解决问题么,我其实不知道。对有的孩子可能并不能发生效果,对有的孩子的内心又会留下不良影响也未可知。我在想我的父亲,他一辈子基本上没打过我,而我哥哥姐姐却挨过不少打。然而,我没挨过打今天还能长这么大混个饭碗,能作为我如何对待儿子的经验么?

我总觉得,人的天性里懒惰的、机会主义的成分更容易占上风。如果让小孩子实行民主,就会将他的这些占上风的天性进一步制度化。我相信玉不琢不成器。但是另外我又在暗暗骂自己,别人不给你民主的时候说人民素质不高,你不是也会反对么?

我有一个师姐和师姐夫,他们的民主式育儿很成功。有一次在香山上他对我说,你们这些法律人,不是要争民主吗,首先就要看你们如何对待你们的孩子。

他的话振聋发聩。然而,我还是很犹疑。这算双重标准吗?我也不知道。

认真对待议事规则

温州做法与原《物权法》第149条的立法原意

关于“自动续期问题”又及

信息网络的寻衅滋事入罪是否合理

无罪推定原则是否约束公民个体

美国同性婚姻判决中的多数与少数

弗格森枪击案中的法律问题

……

第二部分 技术

认真对待议事规则*

如何参加会议，如何组织会议，如何让会议开得富于成效，如何使会议不仅实现上传下达而且更能集思广益？这些问题事实上都和议事规则直接相关。因此，回顾议事规则的历史渊源，重温它的基本原则，展现它在中国社会中的变迁，进而分析它在新时期可能的意义仍有必要。

一、何谓议事规则

近代议事制度起源于英国，大约在13世纪，英国议会即将议事经验记录下来，同时作为以后类似情况的使用依据，久而久之，这些经过条文化的议事经验，就成为议事规则。所谓议事规则是指一组符合公平与效率的

* 原载《中国改革》2008年第4期。

法则,包括动议、提名、投票、内部章程与职权等的规则。不论是大规模的集会还是小型的委员会,无论是正式的会议还是非正式的会议,议事规则大抵有四项目的:(1)便利事务的进行;(2)保持会议的合法性;(3)保障少数意见之陈述权;(4)保障多数意见之决定权。任何程序如果与此四项目的相违者,皆非好的议事规则,亦非好的议事程序。

使议事规则成为完备的成文典范,归功于美国的奠基者之一杰弗逊,他撰写的《杰弗逊议事手册》是议事规则从不成文到成文的代表作。不过,在议事规则历史中影响最大的是《罗伯特议事规则》。初版于 1876 年,几经修改后于 2011 年出了第 11 版。罗伯特议事规则的内容非常详细,包罗万象,有专门讲主持会议的主席的规则,有针对会议秘书的规则,当然大量的是有关普通与会者的规则,针对不同意见的提出和表达的规则,有关辩论的规则,还有不同情况下的表决规则。它的基本原则可概括为五点:(1)平衡。保护各种人和人群的权利,包括意见占多数的人,也包括意见占少数的人,甚至是每一个人,即使那些没有出席会议的人,从而最终做到保护所有这些人组成的整体的权利。(2)对领袖权力的制约。集体的全体成员按照自己的意愿选出领袖,并将一部分权力交给领袖,但是同时,集体必须保留一部分权力,使自己仍旧能够直接控制自己的事务,避免领袖的权力过大,避免领袖将自己的意志强加在集体的头上。(3)多数原则。多数人的意志将成为总体的意志。(4)辩论原则。所有决定必须是在经过了充分而且自由的辩论协商之后才能作出。每个人都有权利通过辩论说服其他人接受自己的意志,甚至一直到这个意志变成总体的意志。(5)集体的意志自由。在最大程度上保护集体自身,在最大程度上保护和平衡集体成员的权利,然后,依照自己的意愿自由行事。

二、为何议事规则关系着国家富强

对议事规则在中国的发展而言,最重要的人物是孙中山先生。在辛亥革命的胜利果实被袁世凯等军阀窃取之后,孙中山痛定思痛,认为人民不会开会,团结不起来,变成一盘散沙实是其中关键原因。因而他以《罗伯特议事规则》为蓝本,于1917年撰写了一本《民权初步》的小册子。随后,《民权初步》作为其《建国方略》的重要部分,被概括为"社会建设"。

中山先生所阐述的议事规则重要性的理由至今重温依然雄辩有力。这也可以回答看似细微的议事规则问题为何竟然关系着兹事体大的国家富强问题。他的逻辑大致可以概括如下:(1)中华民族未能成为富强国家的原因是“人心涣散,民力不凝结也”。(2)中国四万万之众等于一盘散沙并非天生使然,乃是由于专制使得“集会自由、出版自由、思想自由皆已消夺净尽”。(3)由于“国体初建,民权未张”,“是以野心家竟欲覆民政而复帝制”,“今后民国前途之安危若何,则全视民权之发达如何耳”。(4)他解释了何谓“民国”和“民权”。他认为民国即“民有,民治,民享”;民权即“民有选举和罢免官吏,创制和复决法案之权”。(5)接下去他进一步阐述“民国”与“民权”的关系,认为“民国”富强归因于“民权”发达。(6)他接着指出民权发达的途径,认为集会是民权发达的第一步。然而百年以来集会被严厉禁止,所以集会的原则、条理、习惯、经验皆一无所知,因此一盘散沙的民众忽然成为民国主人就会手足无措和不知所从。(7)他接下去驳斥了那种认为中国适合帝制的观点,认为民权观念并非天生,民权技术的获得是一个学习的过程。并在此基础上导出《民权初步》的意义,认为此书的知识应该成为国民首先学习的常识。

我们看到,中山先生论述逻辑的主线是:“民国”—“民权”—“集会”—“议事规则”。他认为欲成就富强民国，必先民权发达，而欲民权发达，集会乃是第一步骤，于是议事规则的重要性便呼之欲出。其逻辑之谨严，思想之敏锐，今日读来仍旧令人获益良多。

在今天的中国，仍然有一些人认为中国不适合民主，觉得在中国这样的大国实行民主会导致混乱，权力“一抓就死，一放就乱”。在这个问题上，中山先生的上述回答切中肯綮，他告诉我们，所谓的“混乱”和“乌合”恰恰是民众议事规则等民主技术缺乏所致，民众需要在民主中学习民主，而学会如何开会则是实现民主、民权发达的第一步。不仅如此，如何让议事规则等民主技术成为民众习惯，从而在此基础上实现民众的有序政治参与恰恰是其中的关键环节。

三、新中国成立以来议事规则的变迁

新中国成立以来议事规则在我国的发展大致可以分为两个时期。

从 1949 年 10 月至 1985 年，“议事规则”这个词汇在我国法律文件中共出现 45 次，其中 44 次都出现在我国加入的各类国际公约中，仅有的 1 次出现在一个行政法规中，即 1983 年制定的《中华人民共和国中外合资经营企业法实施条例》。即便这仅有的 1 次，事实上也和

对外交往的法规直接相关。由此我们看到,随着旧法统的废除,一些词汇也相应的废除了。而随着改革开放,特别是对外经济政治交往的不断深入,“议事规则”才开始进入立法部门的词典,但仍未得到广泛接受。当然,这并不是说我国法律完全没有涉及如何开会。事实上,一些关于议事规则的重要事项被纳入《宪法》《组织法》《选举法》等当中。比如,1954 年《宪法》规定了中华人民共和国主席可以召集最高国务会议,1954 年《全国人民代表大会组织法》也对人大会议的召开作出了一些规定。不过总的说来,议事规则在这一时期并未得到重视。

从 1986 年至今,“议事规则”在我国的法律文件中所涉的领域越来越广,层级越来越高。特别是随着《全国人大常委会议事规则》(1987 年)和《全国人民代表大会议事规则》(1989 年)的通过,地方人大及其常委会也纷纷相应制定了议事规则,人民代表大会的制度化得到长足发展。另外,议事规则也不仅限于人大机关,其适用范围向社会更为广泛的领域推进,议事规则作为民主程序的意义得到一定程度的重视。比如《公司法》提到股份有限公司董事会的议事规则,等等。不过,需要注意的是,虽然许多法律法规采用了“议事规则”这个词汇,但是议事规则本身仍然不够系统化和科学化,内容规定得过于笼统和原则。

在以往关于人大制度的研究中,关于代表的广泛性问题、代表的职业化问题等讨论较多,也取得了一定效果。但是关于人大自身的议事规则讨论相对较少。事实上,无论代表具有何种广泛性,无论代表的名额分配如何合理,最终都需要代表能够在一种合理公正的议事规则之下开好会议,在实现代表权利和保证会议的正常进行之间维持一种恰当的平衡。从这个意义上说,倘若不认真对待议事规则当中的有关问题,作为我国根本政治制度的人民代表大会制便难以很好地落实。

不仅如此,事实上,在当下中国认真对待议事规则问题,并非仅仅牵涉人民代表大会制度,同时还牵涉更为广泛的政治、经济和社会问题。因为会议实际上已经成为各个层次和领域当中进行决策的必要手段和方式,而良好的议事规则恰恰能够有利于实现决策的科学化民主化,提高会议效率,遏制腐败现象,同时,良好议事规则的普遍施行,也有利于实现民众有序的政治参与,吸纳民众的各种意见和情绪,从而有利于保障人权和构建和谐社会。

温州做法与原《物权法》第149条的立法原意*

温州一批住宅因建设用地使用权20年期间届满需支付大笔费用续期的新闻引起全国舆论关注，一些学者也发表了不尽相同的意见。这些意见集中反映在如何理解原《物权法》第149条上。原《物权法》第149条："住宅建设用地使用权期间届满的，自动续期。非住宅建设用地使用权期间届满后的续期，依照法律规定办理。该土地上的房屋及其他不动产的归属，有约定的，按照约定；没有约定或者约定不明确的，依照法律、行政法规的规定办理。"

---

* 原载《南方都市报》2016年4月21—22日。原《物权法》第149条现已被《民法典》第359条取代，不过其中有关"自动续期"的条款并未发生根本性变动，因此仍然牵涉对其的理解和解释问题，本文的讨论仍然并未过时。

如何理解第149条第1款的“自动续期”，有的认为应该理解为既不用申请也不用交费的无条件续期，有的认为应该理解为不需要申请但需要交纳费用的有条件续期，有的认为属于空白立法需要有权机关予以解释。那么能否追寻这一条文的立法原意？

一、第149条的立法原意是什么？

一般说来，立法原意的追寻常常是艰难的，甚至是无法实现的。根本原因在于最终的法律文本常常是各种意见妥协的产物，甚至模糊性反倒是法律得以通过的重要原因。不过，具体到这一条文，通过历次草案审议稿以及相应说明，倒是可以大致厘清这一条文出台的历史过程，而条文的历史无疑可以折射条文的含义。（以下主要参考全国人民代表大会常务委员会法制工作委员会民法室编著：《物权法立法背景与观点全集》，法律出版社2007年版，以下简称《全集》）

物权法的草案三次审议稿曾于2005年7月10日至8月20日向社会公开征求意见。当时涉及建设用地使用权期间届满如何续期的条文是第155条：“建设用地使用权的期间届满，建设用地使用权人需要继续使用土地的，应当在期间届满前一年申请续期，除因公共利益需要收回该土地的外，出让人应当同意。建设用地使用权续期后，建设用地使用权人应当按照约定支付出让金；没有约定或者约定不明确的，按照国家规定确定。”（《全集》，第37页）

根据社会各界的意见，全国人大法律委员会研究认为，建设用地使用权续期的问题，宜区分住宅用地和非住宅用地，要着眼于保障人民安居乐业。据此修改后形成了草案四次审议稿第155条：“住宅建设用地使用权期间届满的，自动续期；非住宅建设用地使用权期间届满，建设用地使用权人需要继续使用土地的，应当在期间届满前一年申请续期，出让人应当同意。建设用地使用权期间届满，根据公共利益需要，依照法律规定的权限和程序收回该土地的，应当参照本法第四十八条第三款的规定，对该土地上的房屋及其他不动产给予补偿。建设用地使用权续期后，建设用地使用权人应当支付土地使用费。续期的期限、土地使用费支付的标准和颁发，由国务院规定。”（《全集》，第38页）

此后，草案五次审议稿第149条规定：“住宅建设用地使用权期间届满的，自动续期。建设用地使用权续期后，建设用地使用权人应当支付土地使用费。续期的期限、土地使用费支付的标准和颁发，由国务院规定。”常委会组成人员对“自动续期”的规定普遍表示赞成。同时,有的常委委员提出,住宅建设用地续期后住户还要支付土地使用费,这样规定是否合适,建议进一步研究。法律委员会研究认为,住宅建设用地续期后是否支付土地使用费的问题,关系广大群众切身利益,需要慎重对待,目前本法以不作规定为宜。届时,可以根据实际情况再作慎重研究。因此,建议删去这一条中关于土地使用费的规定。(《全集》,第65页)此后经过修改便形成了原《物权法》正式通过时的第149条最终文本。

通过考察这一条文的演进历史,可以发现以下几点:(1)草案三稿关于续期问题的立法意图是既需申请又需交费,并且对住宅和非住宅建设用地未作区分;(2)草案四稿对住宅和非住宅建设用地进行了区分,对住宅建设用地虽然规定了届满自动续期,但也规定了需要交费,同时将费用的支付标准的制订交由国务院规定;(3)草案六稿和最终法律文本将需要交费和国务院规定的有关文字删除,对住宅建设用地使用权期间届满的,只提到一句“自动续期”。

因此,关于如何理解“自动续期”的立法原意问题,业已呼之欲出。也即立法机关在制定、审议有关条文的过程中,既考虑过通过申请才能续期,也考虑过续期需要交费,并将交费支付标准授权给国务院规定,但此后将这些字样都取消了,因此,我们只能将“自动续期”理解为既无须申请,也无须交费的无条件续期。虽然,立法机关有将这一问题的进一步明晰留待将来解决的立法考量,但在将来有权机关作出清晰的规定之前,对第149条只能进行此种理解。

二、假如将第149条理解为空白立法,地方政府可否自行其是,径行收费?

退一步而言,即便不承认第149条上述更符合立法原意的解释,而认为第149条留下了法律空白,那能否得出地方政府可以自行规定是否收费以及收费标准的结论呢?我的看法是仍然不可以。

住宅建设用地土地出让金,已经成为地方政府财政的重要方面,同时,由于国内房地产市场近些年来的飞速发展,房产在家庭财产结构中占比也越来越大。住宅建设用地使用权期间届满续期问题事关城市居民最重要财产的保障乃至对国家基于“恒产恒心”的政治认同问题。因此从性质而言,这一问题既属民事基本制度,也属基本经济制度,同时从逻辑上也事关对非国有财产可能的征收征用问题。而《立法法》第8条规定这些事项只能制定法律。即便按照《立法法》第9条的规定,国务院可以依据全国人大及其常委会的授权制定有关行政法规,但依然排除了地方政府可以自行其是,径行收费的权力。根本而言,对这样事关重大的问题,地方政府的依据只能是明确的授权,而不能自行认为立法存在空白可以随意涂抹。在政府利益和人民的基本权利之间,法律解释的疑点利益无疑应归于人民。

三、如何解决20年等期间届满与70年期间届满的不同业主之间的公平问题?

有学者认为,对没有达到70年最高期间续期至70年,是否应当补交出让金,应当考虑的一个重要因素是:"如果20年等期间的住宅建设用地使用权的业主在续期时不补交出让金,对其他已经缴纳了70年出让金的业主而言是不公平的。因此,20年的期间届满自动续期的,业主应当补交20年与70年土地使用权期间的出让金差价。"

如何解决这一问题,实际上,2017年中国资产评估协会发布的《资产评估准则——不动产》第25条已经隐约给出一条出路:"资产评估专业人员应当综合考虑可能引起不动产贬值的主要因素,估算各种贬值。建筑物的贬值包括实体性贬值、功能性贬值和经济性贬值。确定建筑物的实体性贬值时,通常综合考虑建筑物已使用年限、经济寿命年限和土地使用权剩余年限的影响。确定住宅用途建筑物实体性贬值时,需要考虑土地使用权自动续期的影响。当土地使用权自动续期时,可以根据建筑物的经济寿命年限确定其贬值额。”也就是说,当住宅建设用地使用权自动续期时,住宅本身的价值并不必然大幅增长,此时依然存在建筑物经济寿命年限的尺度。换言之,一个 20 年期间届满的房屋即便获得无条件续期,其价值仍然与一个原本 70 年期间届满的房屋存在较大差距。尤其考虑中国普通住宅的建筑设计寿命一般是 50 年至 100 年,因此这一公平问题完全可以通过建筑本身的经济寿命来加以衡量解决。同时,由于 70 年期间届满的业主本身也会从这一自动无条件续期的法律中获益,他们并不必然会觉得 20 年期间届满也可续期的规定是对自己的不公平。

实际上,我国公民购买商品房的资金,可以在发达国家以同一价格买到拥有完全所有权的房子,没有理由在中国只能买到一个有期限的使用权;另外,从社会主义地权道德来看,土地公有制的最终目的是让人民享受土地带来的利益,而不是一次次向人民收取土地出让金。因此,从“法律的道德性”这一角度而言,有关政府也绝不应该将原《物权法》第149条的自动续期解释为有条件的交费续期。

关于“自动续期问题”又及

关于这个问题，这几天又陆续看到一些学者的文章，和几位朋友也进行过讨论，我再补充几点看法：

第一，我们讨论的“自动续期”问题是一个什么问题？这个问题一方面是关于立法原意追寻或者未来立法政策建议的抽象理论探讨，但另一方面更是关于有关当事人权利能否得到保障的问题。很多朋友说这个事情应该这么这么理解，的确，从理论上来说，《物权法》没有明确提缴费还是不缴费，因此解释肯定有开放性。同时当然也可以讨论和建言《物权法》将来应该如何清晰立法等。但问题是，这是一个当下需要直接面对和解决的现实问题，在这个问题上，只能选择几种做法：(1)无条件自动续期；(2)缴费续期；(3)以没有明文规定为由，拖着不办。假如你说要缴费，那从道理上政府收费是不是需要明确授权？假如你说这里是立法空白所以要等有权机关进一步立法或者解释,问题是,这个过程可能很长,短期内恐怕不会出台,那么是不是当事人就要这么被拖着?假如他去世了,房产继承都没法进行过户?因此,我并不是说《物权法》第149条非常清晰直白的指向无条件自动续期,而是说,在这三种选择中,无条件自动续期是比政府乱作为(收费)和不作为(拖着不办)更加合乎逻辑的选择。

第二,自动无条件续期是不是就一定意味着违反了城市土地国有的宪法原则?我觉得不是,简单说来可以有以下几个理由:(1)自动续期并没有改变所有权权属,而住宅建设用地使用权即便在自动续期的条件下,客观上依然是有其他条件约束的。例如现在土地使用权届满续期是需要以续期时房屋本身的存在为前提的,因此住宅建筑寿命可以是一个约束条件,假如房屋在土地使用权到期前塌掉了,那你就无法自动续期了,而塌掉再造,政府则有权利对此过程进行管理,包括对剩余使用权年限续期问题作出具体安排。(2)城市土地国有并不意味着国家直接占有使用乃至收益。国家可以无偿无期限将城市土地划拨给一些单位使用,为什么不认为是对城市土地国有原则的违背?怎么在住宅建设用地使用权问题上让人民无偿无条件续期,让他们有一个较长时间的栖身之所从而安居乐业，就会得出违背城市土地国有的宪法原则？(3)从理论上说，住宅问题牵涉人民的基本生活资料问题，这是共同体成员中人之所以为人的基础条件。因此在宪法解释上，城市土地国有原则相对于人民基本生活资料的财产保障原则，应该保持适度谦抑。

第三，续期问题应该考虑可操作性。假如你说续期需要缴一大笔费用，那么带来的直接问题是，肯定一大批人不会缴(或者缴不起)，由于城市住宅的基本格局是一栋多户，一块土地使用权上因此就会出现有的人缴了钱有的人没缴，那将来怎么办？而且，由于房子是永久产权，那我一直住着，你也没理由逼着我不缴就赶我走吧？

第四，续期问题还应该考虑国际市场住宅同比价格，尤其是在全球化人员、资金、贸易日趋开放流动的情况下。在国内居高不下的住宅价格面前，如果再规定了苛刻的续期条件，产生的直接后果就是激励让有条件的人们移民他国。

信息网络的寻衅滋事入罪是否合理

——对曲新久教授《一个较为科学合理的刑法解释》一文的评论

曲新久教授是卓有成就的刑法学者，他最近有关《最高人民法院、最高人民检察院关于办理利用信息网络实施诽谤等刑事案件适用法律若干问题的解释》（以下简称《解释》）的辩护文章《一个较为科学合理的刑法解释》集中讨论了其中涉及寻衅滋事罪的部分解释，比较准确的指出了辩论双方的核心问题所在，给人不少启发。不过，曲教授为此所作的三点辩护理由在我看来却存在相当问题，本文以下试图依次进行简单分析。

1. 曲文第一点辩护理由指出了信息社会的社会背景，尤其着力以《刑法》第 367 条关于“淫秽物品”的条文及有关解释为例来类比说明关于“公共场所”的本次解释是合理的。不过，在我看来，这个类比是存在相当问题的。

首先,在对“淫秽物品”扩张解释为包括信息网络上“视频文件、音频文件、电子刊物、图片、文章、短信息”等淫秽信息这个过程中,有关条文所针对的罪行和法益并未发生变化,刑法惩罚的关键是“制作复制出版贩卖传播”“淫秽”属性的东西,至于其载体是什么,这个当然无法穷尽列举。从常理论,例如我们很难说,淫秽纸质书是“淫秽物品”,而淫秽电子书则不是“淫秽物品”。在此情形下,法院所作的有关司法解释是扩张解释,且并未违背立法本意。

其次,反过来看寻衅滋事问题,将“公共场所”解释为包括“信息网络”,这个解释过程意味着有关罪行和法益发生了实质性变化。最关键的问题在于,此前寻衅滋事罪的惩罚对象是发生在公共场所的寻衅滋事“行为”。正因为是“行为”,所以才需要发生在现实的物理空间,也才可能因此造成社会秩序混乱。但所谓信息网络上的“寻衅滋事”,首先是一种言论,是一种以信息网络为媒介的言论。尽管世界各国,包括美国宪法第一修正案理论中关于“言论”和“行为”的区分常常引起争议,例如焚烧国旗案当中的焚烧国旗被视为“象征性言论”。但是,信息网络中的信息表达,例如互联网言论、移动电话信息表达等,则普遍被主要视为“言论”。对言论的规制不是不可以,但不能由一个此前只针对“行为”的刑法条文解释而来,尤其当该问题牵涉宪法规定的公民言论自由权这样兹事体大的问题之时。

再次,《全国人民代表大会常务委员会关于维护互联网安全的决定》第 3 条第 5 款“在互联网上建立淫秽网站、网页,提供淫秽站点链接服务,或者传播淫秽书刊、影片、音像、图片”为有关“淫秽物品”的扩张解释提供了立法依据,但关于寻衅滋事问题,此决定并无明文依据。也许有人会说,该决定第 5 条“利用互联网实施本决定第一条、第二条、第三条、第四条所列行为以外的其他行为,构成犯罪的,依照刑法有关规定追究刑事责任”可为此解释提供依据,但是该条说的是“依照刑法有关规定”,但刑法此前并无有关明文规定,且未有明文解释。同时,需要注意的是,该决定第 5 条及其他各条多次提到“利用”一词,这个词语意味着,此决定惩罚的是以互联网为工具,影响其他法益的行为,而非将互联网秩序本身认定为社会公共秩序。

又次,再退一步,甚至对于该“淫秽物品”的解释问题,刑法学界对其中涉及的“语音信息”仍有不同意见,例如张明楷教授认为“将淫秽语音信息认定为淫秽‘物品’，超出了‘物品’用语可能具有的含义”。这说明刑法学界对于“罪刑法定”原则的珍视态度。

最后，需要特别注意的是，《解释》第10条规定，“本解释所称信息网络，包括以计算机、电视机、固定电话机、移动电话机等电子设备为终端的计算机互联网、广播电视网、固定通信网、移动通信网等信息网络，以及向公众开放的局域网络”。这实质上意味着，本次两高解释并不仅仅包括公众主要讨论对象的互联网，例如互联网论坛、微博等公共空间，还包括固定电话、移动电话的信息传递，以及利用互联网的个人信息传递（如QQ、微信聊天等），这些活动往往并不具有公共性，很多属于宪法规定的“通信秘密”的隐私范畴，而本次解释将其一概列为“信息网络”从而推定它们当然具有“公共性”，其中蕴藏着相当危险。

实际上，扩张解释或者类推都是处理相对不变的法律和变化不断的社会之间关系的手段，但二者的区分在于类推涉及的是两个类别，但扩张解释涉及的是同类。当然，在判断二者关系之时仍然可能有分歧，这时候关键就要看是否违背了立法本意或者所涉法条的法益。从以上的对比可以说明，将“淫秽物品”从纸质物品等扩张至包括信息网络如电子淫秽物等，这个尚属扩张解释,因为并未改变立法本意和所保护的法益,且有其他立法作为依据,但将《刑法》寻衅滋事罪有关条文中的“公共场所”解释为包括“信息网络”,则实质性改变了立法原意,因此属于类推,不属于扩张解释。

2. 曲文第二点辩护理由指出,“刑法中使用同一词语的概念应当保持一致,这是大原则,但是并非绝对……没有任何法定构成要件可以制约我们不能将‘公共场所’扩张解释至信息网络空间”。的确,法律中没有明文规定说,同一词语的概念必须保持一致,但一部严肃的国家刑法典,概念保持一致不仅具有语法美感,同时更重要的是,刑法典条文自身概念的一致可以消除含混不清等立法问题,这有助于社会更好地理解并遵守该法典。曲文此点理由可以概括为“法无明文规定禁止即可做如此这般解释”,但一个实质上扩张警察权力,缩减公民言论自由权利,同时又有悖文义解释、逻辑解释、历史解释、目的解释的司法解释,不能以无禁止性规定为由作为解释的合法性来源,而只能找到直接的授权性规定作为解释的合法性来源。即便非要作出解释,从法理上考量只应该作出有利于扩张公民权利、限制警察权力的解释,而不是相反。实际上,最高人民法院司法解释存在的问题尽管长期以来也是学界关心的问题之一,但依笔者所见，以往刑法司法解释并未有这次明显类推且限缩公民权、扩张警察权的情形出现。

3. 曲文第三点辩护理由正确地指出了“在信息网络系统空间中的‘公共场所’编造和传播虚假信息，确实不会造成信息网络系统空间中的‘公共场所’秩序混乱”，但曲教授说因为信息网络上的信息可以造成现实世界的“社会秩序混乱”，因此可以被解释归入《刑法》第 293 条第 4 项的规定。但实际上，曲教授这点恰恰并非这次司法解释的逻辑。

曲教授此点的辩护逻辑是，由于网上言论可能导致网下社会秩序的混乱，因此寻衅滋事罪“公共场所起哄闹事”可以解释为包括网上言论的“起哄闹事”。可以看出，曲教授的逻辑仍然是，利用信息网络导致了现实空间的社会秩序混乱，因此需要惩罚信息网络上的言论。

最高人民法院新闻发言人就该司法解释的制定背景和主要内容所作的说明可以被视为此次解释的官方解释。他提到，信息网络具有两种基本属性，即“工具属性”和“公共属性”。《解释》第 5 条结合信息网络的两种基本属性，明确了利用信息网络实施寻衅滋事犯罪的两种基本行为方式。《解释》第 5 条第 1 款针对的是把信息网络作为“工具”，利用信息网络实施辱骂、恐吓他人，情节恶劣，破坏社会秩序的犯罪行为。《解释》第5条第2款规定，“编造虚假信息，或者明知是编造的虚假信息，在信息网络上散布，或者组织、指使人员在信息网络上散布，起哄闹事，造成公共秩序严重混乱的，依照刑法第二百九十三条第一款第（四）项的规定，以寻衅滋事罪定罪处罚”。

上述说明实际上表明，此次解释是将《刑法》第293条第1款第4项“在公共场所起哄闹事，造成公共场所秩序严重混乱”中的“公共秩序”解释为包括信息网络自身在内的公共秩序，而不仅仅是现实世界的公共秩序。从这个角度来说，曲教授第三点辩护理由的一部分本身恰恰可以作为反驳《解释》的理由，与其整体立论存在明显冲突。由于曲教授并未正确理解此次官方解释，因而有关此点的辩护并不周全。

寻衅滋事罪在刑法体系中属于“妨害社会管理秩序罪”，它针对的法益是“社会管理秩序”，该罪名中的公共秩序并不包括网络空间内部的公共秩序，例如BBS中的大量灌水甚至起哄辱骂言论。也正是在这个意义上，曲教授正确地指出，“在信息网络系统空间中的‘公共场所’编造和传播虚假信息，确实不会造成信息网络系统空间中的‘公共场所’秩序混乱。因为无论是从事实还是从法律的视角看,能够造成信息网络空间‘公共场所’秩序混乱的行为,应当是《刑法》第 285 条、第 286 条所规定的非法侵入、破坏计算机信息系统的犯罪行为。这也许才是问题真正所在。”

仔细阅读《刑法》第 293 条第 1 款第 4 项条文“在公共场所起哄闹事,造成公共场所秩序严重混乱的”,我们可以注意到:(1)前句“公共场所”和后句“公共场所秩序”在语气上具有承接性,在逻辑上具有所指的同一性,也即后句“公共场所秩序”指得是前句“公共场所”的秩序。依此逻辑,如果要惩罚信息网络上的起哄闹事,其造成的危害应是信息网络本身的公共秩序。(2)但什么是信息网络上的起哄闹事呢?此次两高解释为了自圆其说,将刑法条文中的“起哄闹事”在解释中规定为“编造虚假信息,或者明知是编造的虚假信息,在信息网络上散布,或者组织、指使人员在信息网络上散布,起哄闹事”,可以看出,两高解释在很大程度上又将“起哄闹事”的含义实质性改变了。

《解释》此点牵涉如何应对虚假信息的问题,但问题还在于和其他有关罪名相互协调的问题。在同为“妨害社会管理秩序罪”类别的《刑法》第 291 条之一中规定了“编造、故意传播虚假恐怖信息罪”。这首先说明此前刑法重点在于惩罚比较严重的编造传播虚假信息行为,这是因为恐怖信息常常具有“明显和现实”的危险,而对一般的虚假信息则留给网络自我信息纠正、民事侵权、诽谤罪等手段来处理。其次,编造、故意传播虚假恐怖信息罪,严重扰乱社会秩序的,“处五年以下有期徒刑、拘役或者管制;造成严重后果的,处五年以上有期徒刑”。但如果编造虚假信息在信息网络上起哄闹事,也要按照寻衅滋事罪来处理,可以看到一般也是“处五年以下有期徒刑、拘役或者管制”,这个根本没有体现出虚假信息和虚假恐怖信息在危害性和即时性上的区别。实际上,恰恰因为之前的寻衅滋事罪针对的是“行为”而非言论,危害的是现实世界的“公共秩序”,因此其刑罚才和一个惩罚“虚假恐怖信息”“言论”的刑罚相当。此点也进一步说明了《刑法》第 293 条的立法原意。

总结来看,曲教授为此次最高人民法院、最高人民检察院有关寻衅滋事罪司法解释所作的三点辩护理由并不科学合理。笔者认为,在事关宪法规定的公民基本权利等问题上,刑法学界、有权机关以及社会公众理应对“罪刑法定”原则给予更多的珍视。

无罪推定原则是否约束公民个体

在很多公共案件的讨论中，常常会冒出不少“群众福尔摩斯”，他们会声称“某某就是凶手”。反对者则认为不应该作有罪推定。在这一事关“言论自由”“无罪推定”等基本规则的重大问题上，不仅普通人，甚至法律人都常常无法达成一致。因此本文将集中讨论：在一个未经法院审判的公共案件中，普通个人是否有公开发表“我认为某某就是凶手”或类似怀疑认定言论的自由，假如某某针对此种言论提起侵权之诉，他或她是否会得到法院的支持？

我的看法是，无论在美国法还是在中国法中，无罪推定主要是针对司法机关等有权机关的原则，它对普通个体的言说并不具有义务性的强制效力。一般而言，上述言论应属言论自由范畴。由于中国尚无成型的言论自由理论和实践,所以对美国法的讨论有助于说明法治成熟国家中对言论自由宪法保护的内容和限度。

简单说来,类似情形假如发生在美国,普通个人被提起侵权之诉,他(她)至少可能有以下抗辩理由:

第一个理由是事实和意见分离原则。将事实和意见分离,针对某些事实发表意见不构成诽谤,这是英美法中关于诽谤问题的一般原则。大致意思是,诽谤案的被告人,只要自己的言论是针对某些公共问题的事实而发表的意见,这种意见只要是普通人可能具有的,即使是夸张的、片面的甚至偏激的,也不构成诽谤。为什么需要区分事实和意见,其原因至少有以下几点:(1)决定名誉的是特定人行为表现的事实而不是个别人的意见;(2)司法只能判断事实真假而很难判断意见对错;(3)意见自由是表达自由的基础。例如在格茨(Gertz)案中,鲍威尔大法官指出:"根据宪法第一修正案的原则,不存在诸如虚假思想这样的东西。无论一个观点看起来多么有害,要纠正它并不依赖法官或者陪审团的良心而是依靠其他观念与它竞争。但是关于事实的虚假陈述却毫无宪法价值。无论是故意撒谎还是疏忽过失都无法促进社会'无拘无束、健康和完全公开的辩论公共问题'。"

那么,“我认为某某是凶手”这个表述是意见还是一个关于事实的陈述甚至虚假陈述？应该是意见。当某个个体说“我看见某某杀人了”这个是关于案件的一个事实陈述甚至是虚假的事实性陈述,而根据现有情况说“我认为某某是凶手”则是一个意见表达。任何案件都不可能百分之百的还原事实,例如在谋杀案中嫌疑人最终被定罪与否,这和他(她)究竟是否真的杀人了,这是两个问题,前者是法院(或陪审团)基于一定事实和逻辑做出的判断,后者是上帝才能回答的问题。正因为法院判断或者官方判断不等同于上帝视角,因此才不能以此作为评判个人意见的准绳。也就是说,不能用法院判断来强行取代个体可能不同的判断,不管法院是否认定某某是凶手,其他普通个体都依然可以保留和发表自己的意见(对嫌疑人产生实质影响的机构个人则不能如此,例如雇主不能因为自己觉得她是罪犯的理由就拒绝录用,等等)。

在米尔科维奇诉洛雷恩报业公司案中,伦奎斯特大法官说,“我认为迈耶琼斯是个骗子”和“我认为迈耶琼斯实在是愚蠢之极”这两种表述是不同的,前者不可以被起诉。当然,米尔科维奇一案并不认为对所有意见都予以免责,它设定的标准是:意见的表达并不是一概可以不负损害名誉的责任,相反,如果作者所表达的意见中隐含了可以证明为虚假的信息,或者作者在得出其意见时所依据的信息可以证明是虚假的,那么这种意见的表达仍然可能成为诉讼的对象。不过,一个谋杀案件凶手究竟是谁并不具有可验证性,这是只有上帝才能知道的事实。哪怕这个世界上所有的人都认为某某不是凶手,我依然有认为并表达某某是凶手的权利(设想一下被害人的亲人是否有这种权利,设想一个目击者但他的证言未被法庭采纳的情形)。接下来的问题是言说者依据的信息是否可能是虚假的,除非原告证明我故意采用虚假信息,否则仅仅用发言所依赖的消息有不实之处并不能证明侵权成立。而具体到一个公共案件中的怀疑者而言,其发表意见的主要事实依据如"某某有较大嫌疑"并不存在太大问题。实际上,这一点也构成了被告抗辩的第二个理由,即真实性抗辩。也就是说,在纽约时报诉沙利文案之后的诽谤案框架里,原告需要就"我认为某某是凶手"这一被诉言论的虚假性作出证明。

第三个抗辩理由是有关公共案件可能是一个牵涉重大公共利益的案件。在纽约时报诉沙利文案、格茨案等判例的影响下,公共人物、公共争议问题等原则深刻影响了美国诽谤法,而侵权诉讼假如采纳这些原则,则原告需要证明被告有“实际恶意”才构成侵权，而这是相当困难的。假定一个公共案件案置于美国法之下，嫌疑人某某很大可能会被视为公众人物。退一步而言，即便他或她未被视为公众人物，但很多案件往往事关司法公正问题、政治对司法的影响等转型期的重大问题，因而无疑具有公共及普遍利益。在这一背景下，普通个体推断某某是凶手，要求有权机关处理问题，则具有吁求司法正义、同情受害者的诸多正面意义。

回到中国法的法律框架，我国《宪法》第 35 条尽管有言论自由条款，但尚无系统的言论自由理论和实践框架。尽管如此，除非法律明文规定，并不能否认和限制公民个体的言论自由。也就是说，对公民个体的有关言说中，仍然应该先推定它属于言论自由的范畴，除非可以找到法律的禁止性规定。侮辱诽谤是否构成侵害名誉权的责任，应当根据受害人确有名誉被损害的事实、行为人行为违法、违法行为与损害后果之间有因果关系、行为人主观上有过错来认定。但“行为人行为违法”很难找到依据，刑事诉讼法关于无罪推定的规定并不适用于普通个体，对于一个舆论热议案件，也很难证明某个个体言论与损害后果之间的清晰因果关系，同时也很难证明行为人“我认为某某是凶手”具有损害某某名誉权的过错。而且,对一个无法侦破甚至可能怠于侦破的案件,公民当然有根据现有材料进行推论和猜测谁是凶手的自由。

当然,公民有关言论如果汇集起来也有可能会导致某种“媒体审判”等妨碍审判公正的情形,但一个独立的司法系统较大可能会抵御这一影响,例如美国法院也有限制有关媒体言论的一些手段。但是:(1)上述情况主要是针对媒体,而非公民个体;(2)上述限制有诸多条件;(3)中国的背景下,司法和政治之间的关系有所区别,因此媒体和公众的有关言论并不一定妨碍司法公正,它反而可能更多具有吁求司法公正的意义。

上述推论并不意味着得出个体有关言说对被言说者不具有负面影响,更不意味着一般层面上否认某某的名誉权,而只是试图指出,在言论自由和名誉权这两种可能发生冲突的基本权利的讨论中,结合具体案件具体背景进行权衡,此时言论自由价值应该得到更多的尊重。而假如提起针对相关言论的侵权诉讼,无论是在美国法还是在中国法的背景下,原告要完成侵权的举证责任非常艰难,因而很难赢得胜诉。归根结底,无罪推定主要是针对司法机关的要求,对个体并无强制性效力,我们不能以有权机关和法律专家的意见作为衡量普通公民意见对错的标准,否则司法和民意之间的张力便无从谈起。民众的思想和表达自由是民主社会的基石,而普通人的理性也恰好弥补了司法专业化可能导致的各种问题。

美国同性婚姻判决中的多数与少数*

30 多年前,美国俄亥俄州两位男子吉姆与约翰相爱并同居。2011 年,约翰患肌萎缩性侧索硬化症,该病无法治愈只能不断发展。2013 年,两人决定在约翰去世前结婚。此时约翰行动已非常不便,他们只好到允许同性婚姻的马里兰州境内一架医用飞机上举行结婚仪式。3 个月后约翰去世,但俄亥俄州拒绝将吉姆作为遗属列入约翰的死亡证明中。吉姆提起诉讼并一直打到最高法院。

2015 年 6 月 26 日,美国最高法院在一项 5:4 的历史性判决(Obergefell v. Hodges)中,将同性婚姻在全国范围内合法化的问题一锤定音。投下关键一票的肯尼

* 原载《新京报》2015 年 7 月 1 日。

迪大法官通常并不被天然视为自由派或保守派,不过他还是沿袭了此前两个重要案件(Lawrence v. Texas 案与 United States v. Windsor 案)中的一贯立场,站在了维护同性恋者权利的一边。这三个案件的多数意见都由他撰写,某种意义上,罗伯茨法院成了名副其实的肯尼迪法院。

这个判决也许是美国同性恋者和民权运动者近些年来收获的最重大胜利,也是奥巴马执政期间的关键成果。不过,此之蜜糖或为彼之毒药。一个 5:4 的判决本身就反映了美国社会在此问题上存在严重分裂。可以预料的是,美国社会关于此问题的争论绝不会停止,即便可能不会达到 1973 年有关妇女堕胎权的罗伊案所激起的轩然程度,大概也是约略近之。同时,这个判决也并未完全解决相关领域的所有问题,比如宗教学校如何对待同性婚姻学生的问题,宗教机构如何对待同性恋者收养孩子的问题,等等。事实上,罗伯茨大法官在反对意见中也提到,可以预见到这些争执迟早会被提起诉讼。

大法官们关于同性婚姻合法化的辩论主要可以分为两个方面:一是实体方面,同性婚姻权利是否属于宪法第十四修正案中的基本权利,或者是否应该对同性恋者给予平等保护；二是程序方面，这一问题究竟应该通过民主过程也即立法程序加以解决，还是应当由最高法院的司法过程加以裁决。第一个问题牵涉美国宪法解释上“活的宪法”与“原旨主义”两种传统，第二个问题则事关最高法院在三权中的定位问题，也即“司法能动主义”与“司法克制主义”之争。

在第一个问题上，也许是为了消除支持同性婚姻与颠覆婚姻价值之间在逻辑上似有关联的某种错觉，肯尼迪大法官在多数意见的开头结尾都对婚姻的重要性给予了强调，他甚至引用了孔子和西塞罗的句子作为婚姻属于人类普世制度的佐证。他说，同性恋者并非否认和排斥婚姻，而恰恰是追求婚姻。这种追求不仅基于对婚姻的尊重，而且也是由于现实需要，因为婚姻制度本身包涵着种种法律特权和责任。他列举了本案中三个同性伴侣需要法律救济的故事，诸如能否以配偶身份在伴侣死亡证明上署名、能否以父母身份照顾收养孩子等问题，甚至有位同性恋者曾经去阿富汗服役过，回国后依然因为各州之间关于同性婚姻的不同制度而困扰。从判决可以看出，同性恋者的种种现实需要是肯尼迪大法官认为婚姻传统定义应该与时俱进的出发点。进而，他用四个理由来解释为何将同性婚姻权利纳入宪法第十四修正案基本权利范畴,同时给予同性恋者平等保护。

在第二个问题上,多数意见认为,由于基本权利不能被民主过程随意缩减和限制,因而由最高法院出场对州立法进行严格审查从而维护少数人的基本权利就理所应当。实际上,自从 20 世纪斯通大法官提出最高法院对少数人基本权利的保护使命以来,特别是沃伦法院一系列维护民权的能动司法先例,肯尼迪大法官要完成这个论证并不特别困难。不过,理论上固然可以证成司法裁决介入民主过程的正当性,实践中最高法院采取行动还是不能不顾忌民意。就各州的现有法律而言,本案之前同性婚姻在 37 个州和哥伦比亚特区已经获得了某种程度的合法化;就全国范围民意而言,2012 年大选之时,支持比例已首次超过了反对方;就代际民意而言,由于年青一代与同性恋者接触较多,也更容易对同性权利持有同情态度。正如杰斐逊 1789 年写给麦迪逊的一封信中所言,"地球总是属于活着的那一代人",某种意义上这次判决只是最高法院的老人们说出了年青一代的声音。

不过,四个反对意见却对多数意见不以为然。罗伯茨大法官撰写的意见认为最高法院僭越了自己作为法律问题判断者的角色,充当了立法者的角色,这违背了一个民主共和国法官的本来角色。他用“lawyer”(法律人)而非“Justice”来指称大法官们,说五个法律人将自己关于婚姻的定义强加于亿万人之上,“我们以为我们是谁?”他甚至以历史上臭名昭著的斯科特案和广受争议的洛克纳案为例,来说明多数意见对宪法第十四修正案中实质性正当程序条款的滥用。他将多数意见的逻辑加以归谬:假如异性的婚姻可以扩展至同性之间,那是不是两人的婚姻甚至可以扩展为三人或多人之间?

斯卡利亚和托马斯分别撰写的反对意见则从原旨主义的立场出发,认为正当程序条款和宪法第十四修正案自由一词的本意根本无法涵盖同性婚姻,他们也进一步强调了这一判决对宗教自由的伤害。阿利托大法官的反对意见似乎比其他三位大法官较为温和,他强调了婚姻的传统定义与生育紧密相关,而同性婚姻合法化可能会进一步伤害婚姻的传统价值。他提到时下美国人关于婚姻的态度正发生变化,其中一个数字令人印象深刻,即美国超过40%的初生儿系由未婚妈妈所生。他认为这既是婚姻观念变迁的原因也是其结果。

美国最高法院这一判决,实际上是美国乃至世界范围内婚姻观念巨大变迁在法律层面上的反映。据法国学者阿利埃斯和杜比的《私人生活史》描述,直到20世纪 30 年代,人们择偶时还认为职业前景、财富和道德品质比感官或心理偏好重要,而到 50 年代,性作为对真挚感情的由衷表达,已成为爱情语言并渐具合法地位,爱侣型婚姻逐渐成为婚姻理想类型,而生育、同居共财等传统婚姻功能日渐消弱。伴随这一过程,同性恋者平权运动日渐兴起和壮大,法律政策对社会运动的回应也呈现加速趋势。从 2001 年第一个同性婚姻合法化国家荷兰开始,美国已是世界上第 21 个同性婚姻合法的国家。法律能否以及如何应对这一社会和观念的古今巨变,实在是并不寻常的一件事情。美国的故事或者已经结束,或者只是另一段故事的开始。

弗格森枪击案中的法律问题*

2014 年 11 月 24 日，此前备受瞩目的美国密苏里州弗格森枪击案有了结果，经过长达 3 个多月的审理，大陪审团决定对开枪打死黑人布朗的白人警察威尔逊不予起诉。消息传出后，美国各地连续爆发示威甚至引起骚乱。

实际上，2012 年美国的齐默尔曼枪击案也曾引起轩然大波。在那起案件中，佛罗里达州地方法院判决枪杀 17 岁黑人少年的齐默尔曼无罪。

这两起枪击案具有相似性，被杀的都是黑人，开枪的犯罪嫌疑人也都获得了有利法律结果。这种表面上的法律利益分配结果自然牵动了人们关于种族问题的敏感神经。然而，这两起案件，尤其是弗格森枪击案，大

* 原载《新京报》2014 年 11 月 28 日。

陪审团的法律结论很难证明与种族歧视有关。

弗格森枪击案涉及的核心法律实体问题是法律执行中使用武力,尤其是致命武力的权力和界限问题。早期的普通法规则认为,警察在有合理的必要时,为了拘捕或防止非暴力的重罪嫌疑人逃跑,允许使用致命武力。不过,在20世纪70年代后期,美国许多大城市的警察局开始对警察使用枪支进行限制,即仅在被拘捕人表现出致人死亡或者严重身体伤害威胁的情形下才能使用致命武力。怀特大法官在Garner案中进一步强化了这个规则,即警察不可以用枪杀的方式来抓捕一个没有武器、没有危险的嫌疑人。

以此规则反观弗格森案,现有证据揭示,威尔逊在执行公务时试图盘问两名黑人青年,但他们堵住车门不让他下车,还用拳头殴打了他的面部,出于反击,威尔逊开了两枪,但这两枪没有致命。此后,当他开始追击黑人青年时,布朗突然转身朝他狂奔过来,因此威尔逊射出了致命的数枪。有关事实的焦点争论是,威尔逊究竟是射向面对的还是背对的布朗,这其实就与上述规则有关,如果是背对,那么就说明布朗并未威胁到威尔逊,反之则可能威胁到警察。人证证言存在诸多不一致之处,而物证最终支持警察的叙述。

弗格森案牵涉的法律程序问题主要是，刑事案件的证明标准是“超越合理怀疑”。大陪审团在此案中可能会依次讨论由高到低这些罪名：一级谋杀罪、二级谋杀罪、故意杀人罪、过失杀人罪、防卫过当、执行公务中使用过分暴力等。实际上，即便对于最轻一项罪名，过分使用暴力也依然很难达到超越合理怀疑的证明标准。

另外，本案的大陪审团由 9 位白人和 3 位黑人组成，白人虽然占了多数。但由于这个大陪审团并非专为本案而设，而组成比例与当地人口比例有关，具体人选也是随机选取，同时，由于本案的敏感性，大陪审团也经过了长达3 个月的认真审理。因此具体的审理过程也很难说有瑕疵。

然而，这样一个法律实体和程序上均无多大问题的案件引发美国社会如此声势的抗议，不能不说法律问题很难与背后的种族社会问题乃至信念情感问题脱离干系。“法律必须被信仰，否则它将形同虚设。”伯尔曼的这句名言依然值得人们深思。

因饭局言论被辞退事件的比较法分析

因饭局上发表言论流传成为公共事件，进而丢掉饭碗的事情时有发生。这牵涉言论自由、隐私权等诸多法律问题，本文试图主要从美国宪法的角度对此问题进行简要讨论。之所以这样做，主要有这样几个考虑：(1)中国法上关于言论自由等法律问题的理论、实践尚不充分；(2)美国宪法第一修正案理论和实践较为丰富，也具有相当的域外影响；(3)正反论者在参与辩论的时候，相当一部分都援引了美国的材料，虽然他们得出的结论迥然各异；(4)用美国宪法来阐释中国问题，一方面固然可能由于理论实践的中西错位而影响解释力和可操作性，但也可能因此部分回避了有关问题在中国具体案件的移情代入，而使有关讨论呈现更多学术意味。因此，本文主旨并不意图支持或反对有关公共事件中的当事人，也不意图开启有关问题的意识形态讨论,而只是试图以某种头脑风暴的方式揭示其比较法上的可能问题。

一、有关事件是否构成宪法第一修正案意义上的法律问题

在美国法上,如果要构成一个宪法第一修正案意义上的法律问题,一般来说,首先需要涉及联邦或州的政府行为,或者公立机构的行为。也就是说,一般而言,宪法第一修正案问题并不涉及私人机构针对某人言论的行为。在有关饭局事件中,所涉单位常常并非私人机构,它针对当事人的言论而对其加以处理的行为常常能够满足这一条件。事实上,在宪法第一修正案理论里,该类问题一般被称为“Denial of public benefit or job”。

也正是在这个地方,不少朋友举出比如 2014 年快船队老板斯特林种族歧视言论种种后果的例子并不恰当,因为最终惩罚斯特林言论的诸如 NBA 等组织都非公立机构。

二、当事人发表有关言论是否属于言论自由范畴

不过,有关单位可能是公立机构这一背景也并不当然使该问题成为宪法第一修正案的问题。因为在宪法

第一修正案理论中,有一些言论并不属于宪法保护的类别,比如色情言论、侮辱性言论、诽谤性言论、攻击性言论,等等。如果以此来分析有关言论,引起争议的句子可能即属此类,也就是说,单纯骂人的词句并不属于宪法第一修正案保护的类别。但如果涉及政治性言论,则可能受到宪法第一修正案保护,甚至不少学者认为,政治性言论是宪法第一修正案优先保护的类别。那么现在的问题是,当辱骂性言论与政治性言论二者集于一身时是否属于宪法第一修正案保护的类别?答案仍然应该是。在 Cohen v. California 一案中,涉及的争议言论是当事人衣服上的“Fuck the Draft”(去他妈的征兵),美国最高法院认为在公共场合用粗话表达政治意见属于言论自由。

三、单位能否因当事人的言论而对其加以处理

以上两点说明了有关当事人言论假如发生在美国是否可能会受美国宪法保护,以及是否属于言论自由范畴。不过,在宪法第一修正案理论中,关于雇佣问题与言论自由关系的问题有许多情形。也就是说,有关的言论自由仍然可能会在某些情形下受到限制。法院可能会在这些情形下在当事人的言论自由与政府或公立机

构作为雇主的相关利益之间进行权衡。

1. 党派问题。比如,有的公务员职位需要保持党派中立,因此可能会被禁止参与诸如选举等活动,包括发表有关倾向性意见。有的职位可能带有明显的党派色彩,因此可能会拒绝持有或发表反对党意见的人,例如一个民主党国会议员拒绝一个共和党人担任他的顾问或写手;但是另一方面,假如民主党执政,他不能因为一个人的共和党倾向而拒绝他担任那些与政治倾向关联不大的工作,例如警察职位。

2. 有关言论是否涉及公共关切(public concern)。比如,在 Rankin v. McPherson 一案中,某政府雇员听到 John Hinckley 试图刺杀里根的事情后说,"If they go for him again, I hope they get him"。他因此被解雇。法院认为,这个言论属于政治性言论,因此属于公共关切事务,因此他不应因此被解雇,除非该言论会严重影响他的工作表现。

3. 有关言论是否与工作职责有关。也就是说,有的言论尽管牵涉公共关切,但是假如该言论正好发生在该雇员的工作职责之内且影响了工作,那么仍然有可能无法得到宪法第一修正案的保护。也就是说,雇主有权利规定雇员工作时说话的内容和方式。

如果以上面三种原则来分析有关公共事件，首先是党派问题，当事人对具体政治问题和人物的看法与其工作的可能表现之间的关联程度；其次，该言论是否牵涉公共关切，是否属于宪法第一修正案着重保护的政治性言论；最后，有关当事人在饭局上的言论与其工作职责的关联性，等等。

四、有关公共事件是否涉及隐私权

有关公共事件中的相关言论发生在多人参与的饭局中，将有关言论的视频发布到网络媒体上并未经过本人许可。这当然牵涉本人隐私权。有论者说因为该言论是在饭店这样的公共场所发生的，因此就不涉及隐私权；还有论者说，这个饭局的性质并未非常私人化因而也不涉及隐私权，但这些都是对隐私权的误解。在美国宪法理论中，隐私权是“the right to be let alone”。这种权利保护的是人，而非场所，因此与发生在哪里并无必然关系，比如某人在商场里打电话，你在旁边听到试图录下来并放到网上，那么也是侵犯隐私权，因此问题的关键在于是否获得了当事人的许可并在后果上给其带来困扰。当然，在布兰代斯的名文《论隐私权》中也给出了一些抗辩理由，例如假如涉及公共利益，那么仍然可以未经当事人允许而公开。

综上所述,我们可以得出将有关公共事件置于美国宪法背景中的大致结论。需要再次强调的是,由于中西理论实践的错位,这一结论仅是参考性而非终局性的。一方面,中美之间的政治法律背景不同,这提醒我们上述结论存在限度。但另一方面,倘若基于比较法上功能主义视角的考量,我们也可以发现有关问题所涉利益和视角可能具有相当一致性。毕竟人同此心,心同此理。

扔鞋子与言论自由

法律如何处理向某人扔鞋子的行为？问题关键在于扔鞋子是言论还是行为？是否某种象征性言论表达？此行为和打人更接近，还是与“焚烧国旗案”中的行为更接近？倘若按照 Tribe 教授所谓的 track one 和 track two 理论，包括“焚烧国旗案”判决的具体标准，我倾向于认为扔鞋子不受宪法第一修正案保护。它传递的不是具体言论信息，而更多地是某种侮辱，某种程度上和朝某人吐痰一样。

为了扔鞋子这个事情，一大早翻开美国宪法第一修正案的教科书，重温了 Brandenburg，O'Brien 和 Texas v. Johnson 的判决，以及 Tribe 所谓的 track one 和 track two 理论。在 Texas v. Johnson 的判决中提道：“In deciding whether particular conduct possesses sufficient communicative elements to bring the First Amendment into play, we have asked whether ‘a intent to convey a particularized message was present, and whether the likelihood was great that the message would be understood by those who viewed it’。”

有朋友说,因为被扔鞋子者可能代表了某种意识形态,所以有所谓站在鸡蛋或墙一边的问题。但一个公平的规则,恰恰应该是超越意识形态并且内容中立的。在宪法第一修正案理论中,一个基于内容的法律(content-based)通常是要被法院推翻的。具体来说,如果扔鞋子受法律保护,那么就是谁向谁扔都可以,不应区分具体对象是何种身份和立场。

具体到中国,虽然尚无系统的言论自由宪法理论和实践,但在《治安管理处罚法》中,扔鞋子可能会被归为第23条、第24条的“扰乱公共秩序的行为”,比如,展示侮辱性标语、条幅等物品;向场内投掷杂物,不听制止;等等。

可以嘘声、可以喝倒彩、可以举标语,但不能扔鸡蛋、扔鞋子、扔瓶子、吐口水,法律理论关键就在于具体的界限和标准。关于扔鞋子是否象征性言论表达,更接近侮辱还是表达,可能有不同倾向看法,法律问题本身也未必有唯一正确的答案。但重要的是,要给出恰当的论证,而这就需要在论证之前首先了解有关的判例和理论。

法律未追究并不意味着受法律保护。情节显著轻微没造成后果的,警方未追究,当事人未起诉,不意味着就是合法行为。而不受宪法保护,可能就会进入民法、治安法乃至刑法等法律的调控范围。宪法第一修正案理论,有不受保护言论类别如 hate words、fighting words 等,至于类似焚烧国旗等象征性表达,主要在于传递某种政治信息,而从扔鞋子行为本身当中得不出具体政治信息,法律并不预设和考虑谁扔向谁。

一个好的法律制度,应该是既保护司马南也保护司马北的法律制度,不是、不可能是也不应该是保护特定意识形态人群的框架,否则在政治上将导致某种“不是东风压倒西风,就是西风压倒东风”的态势,在法律上将仍然陷入“法律是统治阶级意志的体现”或施密特“区分敌我”的范式,那对于建立平等公正的法治社会绝非幸事。

回应扔鞋子讨论的质疑

我曾写过一个关于“朝某某某扔鞋子”事件的评论帖子，得到不少反馈。表示感谢之余，有必要澄清和回应一下。

我在那篇帖子中的主要观点是：扔鞋子不属于言论自由（或表达自由）的范围，无论是从英美的理论实践还是从中国的实在法角度都不受法律保护。同时，从建设一个民主法治社会的愿景来说，这种做法也不值得鼓励。

1. 有朋友从刑法的主客观要件理论出发认为，扔鞋子的主观目的不是人身伤害，因而属于抗议行动。不过，一种主观目的并非人身伤害的行为并不意味着就受到法律保护。此处可能涉及两种受保护的法益，一种是演讲者的人身安全和人格尊严，另一种是演讲的公共秩序。从行为的主观要件出发进行辩护的思路有助于减轻扔鞋行为的严重程度,但并不足以颠覆此行为的非法性质。虽然,扔鞋子这个事情的性质倒也未必有多么严重。

2. 将扔鞋子视为某种象征性言论,这是从宪法角度进行辩护。但我昨天的帖子提到,抽离扔鞋者和被扔者的个人背景(抽离是合宪的内容中立的法律所需要的),这一行为本身并不能够反映出足够的政治信息,因而很难构成某种类似"焚烧国旗"那样的象征性言论。也就是说,合宪的涉及言论自由的法律本身应是内容中立的,法律追问的是扔鞋子这个行为本身是否受宪法保护,法律不会说右边的人朝左边扔鞋子是言论自由,而左边的人向右边扔鞋子就不是言论自由。

3. 比较多的朋友认为扔鞋者和被扔者的地位是不平等的,因而扔鞋子天然具有了某种正当性。不过需要注意的是,这种"不平等"可能至少包含了几层含义:一是演讲者和听众之间的某种天然不平等,比如有朋友用被扔者打断扔鞋同学的说话来论证,但在演讲中这样的打断(尤其是冗长的提问)是可能经常发生的,退一步而言,这至多说明了作为演讲者的被扔者不礼貌,而无法证明扔鞋的正当性;二是被扔者作为一个名人和普通学生之间的某种不平等,基于这个不平等而引起的反抗当然也很难得到证明;三是被扔者所代表的某种意识形态和所谓非主流思想之间的所谓不平等。

4. 应该说,上边的第三种不平等意蕴是很多朋友关心的焦点问题。但这里仍然可能面临几个问题。一是某种意识形态的统治地位和被扔者本人是有区别的,如果将某种意识形态的责任化为其支持者的责任,那就有可能犯了某种“总体性错误”。二是即便被扔者本人应该为某种意识形态的错误承担相当责任,问题在于是否要以扔鞋子作为回应。在当时的会场,甚至在中国更为一般的公共空间(如微博),我不认为丧失了批评被扔者甚至某种意识形态的机会和空间。扔鞋子不符合比例原则。三是即便被扔者宣扬的东西都是错误的,但言论自由并不只是保护正确的言论,那也应该同样保护错误的言论。实际上,公开辩论的力量恰恰是抵抗错误思想传播的有力武器,这就需要一个超越意识形态且内容中立的宪法框架,包括言论自由原则。

5. 有朋友用纳粹言论在德国的情形为例,来证明不应给被扔者言论自由。但这里也有相当问题,一是中国的实在法并未规定被扔者所宣扬的意识形态等同于纳粹言论(实际上完全不是)。二是被扔者所宣扬的东西是否能用纳粹言论来类比。支持被扔者思想的人可能千千万万，断然否弃持相关思想人员的言论自由，既不现实也不合理。三是德国对纳粹言论态度的历史情境和法律论证是非常复杂的，针对纳粹言论的文西德尔裁定有不少构成要件，同时对此裁定也有一些批评。四是如果按照美国的言论自由理论实践，则会呈现出和德国不同的场景，美国“冷战”时期针对麦卡锡主义，也有相当沉重的历史教训。

总而言之，我们需要摒弃某种先革掉某些人的命，剥夺他们的权利包括言论自由权利，然后再建立所谓新社会的幻想。这种基于区分敌我的思想，不仅不现实，也不利于让国家走出某种窠臼。对程序正义、言论自由、公共辩论的热爱，不应始于幻想中的未来，而应始于当下，始于我们所批评的对象。

继续回应来自公民不服从角度的反对意见

为扔鞋辩护理路进入公民不服从问题域，于是重读《西方公民不服从的传统》。扔鞋和很多论者，与德沃金着力分析的征兵法例子完全不同。最关键的，公民不服从针对的是制度，而非个体。扔鞋则相反，它并不试图挑战治安法，而是指向了制度下的个体，因此依然还是暴力而非辩论逻辑。

如果不是针对制度，而是对扔鞋采取机会主义的解释，那该如何对待和评价对方向己方可能的扔鞋？那时候就只能寻求对方是坏人，己方是好人这样的元理由，但反对者也可能是这样的理由，于是从逻辑上只能导向混乱的扔鞋比赛，导向敌我争执状态而非规则之治。

最后引用马丁·路德·金博士的句子：这一运动（指学生的非暴力抵抗方式）第一个原则是认为手段必

须和目的一样纯洁。这一运动所根据的哲学是目的与手段必须统一起来……即用目的可证明在过程中采用手段的哲学作为指导……从历史长远观点看,不道德的破坏性手段不能引出有道德和建设性的目的……学生运动另一点是它寻求打破不正义的制度,而不是打败这制度中的人。

关于扔鞋子问题与网友的对话

网友("借我一把杀猪刀",下同):首先,扔鞋子是否受法律保护应从历史角度去探讨,或至少应包括这个角度的考虑,即它是否是一种被大众理解的表示异议的方式,此点也是最高法院宽恕约翰逊烧国旗的原因之一,并且和内容中立无关;其次,为表达理念不一并吸引他人关注,一定程度的情绪表达也包含于言论自由,禁止任何情形的扔鞋将是过度抑制。

我:一个法律是否合乎宪法第一修正案,这个需要看是否内容中立。你可以具体看看烧国旗案的判决。

网友:内容中立是管制的正当理由,但有时很难将内容完全剥离单独去考察某种激烈的表达方式;不能说管制对象只要不特定就没有压制言论,特别是在表达机会不对等时,行为可以伴随理念表述一同作出,亦可以是表达观点的前奏;如 fuck the draft 及 hustler v. Falwell

中的纯粹虚构事实，都是为吸引关注或引起广泛辩论。

另一点就是并不是说内容中立政府就没有举证合法政府目的的责任了，在这里就是禁止扔鞋保护的是什么？这个问题部分需要考察我们对向演讲者扔鞋行为的传统理解，也需要我们结合情景去考察扔鞋是否是观点表达的一部分；内容中立并不是烧旗案的特点，一个立法有很大可能在运作中造成事实上的不中立才是重点。

我：按照你的推理，最终得出的是两种理解，一种是只许右边向某某某扔鞋子；另一种是都许可，这样就是互相比赛扔鞋子。禁止扔鞋保护的利益，我在文中说了，主要有两种。

网友：老师，我从来没说是右派与左派发言机会不对等，这些都是可转换的，而是认为扔鞋子或可被看作在一个具体的演讲会的提问或辩论环节中的观点表达的一部分；如果扔鞋是我们表达不同意见的传统，如夸张且带侮辱性的漫画一般，那法律的考虑更多的是具体情况下 fighting words 的问题，而非一概禁止。

我：fighting words 是另一个问题，但现在是这个已经不是言论了，而且从严重程度来说可能还胜过 fighting words。一个可能的辩论角度就是象征性言论，但单纯扔鞋子很难具有具体信息。

网友:我认为扔鞋子并不是任何时候都和言论表达无关,就如烧国旗不是什么时候都表达对政府政策的不满,而最高法院之所以支持约翰逊且此后宣告相关表面中立的国旗保护法无效正是认为一概禁止可能压制言论,也就是所谓的narrowly tailored test;另外在Cohen v. California里法院认为言论自由包括emotive speech。

我:烧国旗在有些时候和政治性言论无关,这个不能推出扔鞋子在有些时候和政治性言论有关。烧国旗和政治性言论有关,主要在于那是国旗。扔鞋子呢?除非你加上扔鞋子的主语和对象,但这个时候就成了content-based的法律了,很难符合宪法第一修正案。

另外,Cohen这个案子和当下这个案子有很大不同,那是自己穿了个东西,没通过行动影响到别人,从这个角度和烧国旗有些相似。但扔鞋子明显针对的是别人。更进一步,美国最高法院的象征性言论里边,基本上都是没直接干涉旁人的。没有这种类似扔鞋子的。

网友:是的,我提Cohen案包括Hustler Magazine案只是为了论证行为并不一定伴随观点表达,有可能只是观点表达的一部分,就如Cohen案的辩护律师说的是为了引起更多人关注,又如Hustler案的律师主张的捏造

Falwell 与母亲的性行为是长达 150 页言论的前奏,仅为了把对方降到自己的地位,让更多人听听 Hustler 案的观点。

我并不否定扔鞋子可能被追究法律责任,我是认为如果立法一概禁止则矫枉过正了;假定扔鞋子是大家长期接受的抗议方式,对其立法禁止很可能为日后设定其他条件限制言论开了头。

我:谈不上矫枉过正,从历史上看,从其他国家经验看,扔鞋子都不是什么好的或可接受的抗议方式。不承认它的合法性并不意味着能滑坡到其他问题。反之,倘若承认了扔鞋子合法,那倒真真是问题多多呢。

网友:能在微博上见到如此热爱思辨且耐心的老师真的很幸运;一个个单纯的观念表达并不能使理论经受“言论市场”的考验而得出真知,只有相互的讨论才可以。

我:谢谢你的讨论,和你的讨论很愉快,我也收获不少。所以我永远对公共辩论的前景充满信心。

快播案指控的法律依据是否充分

我自己不是快播的用户，事实上在此案之前甚至孤陋地不知道有这个软件。不过，随着此案成为舆论热议的焦点，有关管理部门发表了倾向性意见并在新闻联播播出之后，我也随大流读完了本案的庭审实录以及不少论者的精彩意见，于是也就想写一篇评论凑凑热闹：指控快播的现有法律依据是否足够充分。

指控快播的罪名是“传播淫秽物品牟利罪”，牵涉的法律规范主要是《刑法》第 363 条和两个司法解释：(1)《刑法》第 363 条第 1 款：以牟利为目的，制作、复制、出版、贩卖、传播淫秽物品的，处 3 年以下有期徒刑、拘役或者管制，并处罚金；情节严重的，处 3 年以上 10 年以下有期徒刑，并处罚金；情节特别严重的，处 10 年以上有期徒刑或者无期徒刑，并处罚金或者没收财产。

(2)最高人民法院、最高人民检察院《关于办理利用互联网、移动通讯终端、声讯台制作、复制、出版、贩卖、传播淫秽电子信息刑事案件具体应用法律若干问题的解释》(以下简称《解释(一)》)、《关于办理利用互联网、移动通讯终端、声讯台制作、复制、出版、贩卖、传播淫秽电子信息刑事案件具体应用法律若干问题的解释(二)》(以下简称《解释(二)》)。

公诉方、网信办以及刑法学者们对于本案牵涉的上述主要法律依据并无异议,同时大多也认为定罪的法律依据是充分的。不过,仔细阅读相关条文,可以发现这些司法解释条文与快播行为并不完全契合,这些解释条文本身依然有着不小解释空间,而我们知道,较大的解释空间与刑法上的罪刑法定原则和刑事诉讼法上的排除合理怀疑原则可能并不相容。

1.《解释(一)》第7条:"明知他人实施制作、复制、出版、贩卖、传播淫秽电子信息犯罪,为其提供互联网接入、服务器托管、网络存储空间、通讯传输通道、费用结算等帮助的,对直接负责的主管人员和其他直接责任人员,以共同犯罪论处。"可以看到,这个条文的措辞明显是关于共同犯罪的帮助犯的。也就是说,先要以他人实施犯罪为前提,然后才谈到"明知"和"帮助"。但是,在快播案中,这个实施犯罪的“他人”在哪里?我们知道,快播是基于P2P原理的网络视频播放软件,这与传统的中央服务器模式有着根本不同,在这个过程中,每个用户都既是索取者也是奉献者,每个用户的播放本身就有利于资源共享的实现。那么问题来了,一个在自己电脑上播放淫秽色情片的用户是不是在实施犯罪?或者,一个使用快播软件的普通用户有没有在自己家里播放淫秽色情资源的权利和自由?如果法律允许普通用户在自家使用快播播放淫秽色情片,那么快播构成帮助犯的基础何在?如果法律认为普通用户使用快播播放淫秽色情片就是在实施犯罪,那么为什么不把他们一个个绳之以法?

2.《解释(二)》第4条:“以牟利为目的,网站建立者、直接负责的管理者明知他人制作、复制、出版、贩卖、传播的是淫秽电子信息,允许或者放任他人在自己所有、管理的网站或者网页上发布,具有下列情形之一的,依照刑法第三百六十三条第一款的规定,以传播淫秽物品牟利罪定罪处罚:(一)数量或者数额达到第一条第二款第(一)项至第(六)项规定标准五倍以上的;(二)数量或者数额分别达到第一条第二款第(一)项至第(六)项两项以上标准二倍以上的;(三)造成严重后果的。实施前款规定的行为，数量或者数额达到第一条第二款第(一)项至第(七)项规定标准二十五倍以上的，应当认定为刑法第三百六十三条第一款规定的‘情节严重’；达到规定标准一百倍以上的，应当认定为‘情节特别严重’。”可以看到，这个条文针对的是“网站建立者、直接负责的管理者”，但是，快播是网站吗？涉案的几块硬盘是网站或网页资料吗？我们看到，这个条文依然并不那么契合。

3. 接下来再看《解释(二)》第6条：“电信业务经营者、互联网信息服务提供者明知是淫秽网站，为其提供互联网接入、服务器托管、网络存储空间、通讯传输通道、代收费等服务，并收取服务费，具有下列情形之一的，对直接负责的主管人员和其他直接责任人员，依照刑法第三百六十三条第一款的规定，以传播淫秽物品牟利罪定罪处罚：(一)为五个以上淫秽网站提供上述服务的；(二)为淫秽网站提供互联网接入、服务器托管、网络存储空间、通讯传输通道等服务，收取服务费数额在二万元以上的；(三)为淫秽网站提供代收费服务，收取服务费数额在五万元以上的；(四)造成严重后果的。实施前款规定的行为，数量或者数额达到前款第(一)项至第(三)项规定标准五倍以上的，应当认定为刑法第三百六十三条第一款规定的‘情节严重’；达到规定标准二十五倍以上的,应当认定为'情节特别严重'。"可以看到,这里终于牵涉快播涉案的"网络存储空间"了,但是,仔细阅读条文,这个条文的服务对象是"淫秽网站",但是快播是为"淫秽网站"提供服务的吗?

因此,我认为部分刑法学者指出的有着充分定罪依据的法律规范其实本身并不确凿,这个仅仅从表面的文义解释即可发现。当然,我并不当然认为我的解释一定更为合理。但是,我想说,至少上述司法解释依然有着相当的解释空间。

如果说作为主要指控依据的司法解释尚存相当的解释空间,接下来再来看"客观归责"理论。这个理论在部分学者的论证文章里都有采用。

李翔在《"快播案"的刑法教义学分析》一文中用客观归责理论分析道:"快播公司应该做什么?根据前文客观归责理论的分析,虽然没有证据证明快播公司'上传'了淫秽视频,但是其提供的快播软件服务客观上为传播淫秽视频提供可能。从维护社会'公序良俗'的角度,我国《刑法》禁止传播淫秽物品。根据前文对人格行为论中对'不作为'的分析,不作为的成立必须透过对作为的期待,才具有人格征表,而这种期待应该是社会上或者法律上的一种期待。从行为角度分析,快播播放器被网络用户用于发布、搜索、下载、播放淫秽视频，快播公司的先前行为(通过交互式的在线数字媒体服务)引起了其防止淫秽物品被传播的义务，‘防止淫秽物品被传播’成为社会和法律的合理期待，而行为人未履行该义务，升高了刑法所禁止的风险。因而具备刑法上的行为属性，即不作为。”阅读这段分析，我们发现其逻辑是，“快播为传播淫秽视频提供了可能，或者说升高了这一风险，而这是为我国刑法所禁止的，而快播没有履行好义务，所以要惩罚它。”但是，一种技术的产生，在给人们带来好处和利益的同时，当然也可能会带来坏处和风险。因此问题的关键在于权衡利弊，而不能仅仅用犯罪风险的升高而完成推理。对于是否构成不作为也需要更深入具体的论证。实际上，所谓“刑法所禁止”基本无法全然在判决之前预先了解，用“升高了刑法所禁止的风险”来论证“产生这个风险的行为是被刑法所禁止的”其实暗含着循环论证的嫌疑。在对客观归责理论应用的过程中，韩友谊的《“快播案”的刑法学分析》一文注意到了创新行业升高风险的同时也带来利益，但是却对快播的利益风险之间的权衡有着贬损评价，认为它与百度、新浪、腾讯相比，并非对社会整体利益明显加分的技术。但是，围绕着百度所带来的利益和风险，不是也有一番热烈争论吗？总而言之，在我看来，客观归责理论并不能完成对快播的确凿定罪论证。对快播的罪与非罪讨论，包括是否构成“明知”“放任”的间接故意，对快播公司与普通用户的区分，对快播公司与其他同样升高犯罪风险的公司（包括其他网络公司，其他 P2P 公司）的区分，必须结合网络技术潮流背景下进行政策分析，包括进行侵权法、比较法上的讨论而非单单利用刑法教义学来加以解决。

警察应如何查验身份证

近年来出现了多起因警察查验公民身份证引起舆论关注的事件，网络上也出现了一些对有关查验身份证具体规范的不同理解，因此有必要对此问题进行简要分析和讨论。

一、警察在何种情形下可以查验公民的身份证？

《居民身份证法》第15条第1款规定："人民警察依法执行职务，遇有下列情形之一的，经出示执法证件，可以查验居民身份证：（一）对有违法犯罪嫌疑的人员，需要查明身份的；（二）依法实施现场管制时，需要查明有关人员身份的；（三）发生严重危害社会治安突发事件时，需要查明现场有关人员身份的；（四）在火车站、长途汽车站、港口、码头、机场或者在重大活动期间设区的市级人民政府规定的场所，需要查明有关人员身份的；

(五)法律规定需要查明身份的其他情形。”

全国人大关于《中华人民共和国居民身份证法》第15条有关查验身份证的法律释义指出:本条是关于人民警察如何查验居民身份证、对拒绝人民警察依法查验居民身份证如何处理以及居民身份证不得非法扣押问题的规定。

本条第1款是关于人民警察在哪些情形下可以查验居民身份证问题的规定。在制定本法的过程中,对于人民警察在依法执行职务时是否有权随意查验居民身份证的问题,有两种不同意见:一些同志认为,人民警察只要是依法执行职务,就可以随意查验居民身份证;多数同志则认为,人民警察对居民身份证不能想查就查,如果对无关人员可以随意查验居民身份证,会给人民群众带来很多不便,执法中还可能会出现许多问题,不利于保障公民的合法权益。因此,根据多数意见,本法对人民警察依法执行职务时如何查验居民身份证作了明确规定。本款规定的“人民警察”,主要是指《人民警察法》第2条规定的公安机关的人民警察。“依法执行职务”,是指人民警察依照法律、行政法规规定的职责执行其职务。如果人民警察不是依法执行职务,不能查验居民身份证。所谓“经出示执法证件”,是指在程序上,人民警察在查验居民身份证前，应当首先出示自己的执法证件；如果人民警察在依法查验居民身份证时，没有出示其执法证件的，接受查验的人员可以要求人民警察先行出示其执法证件。这里规定的"执法证件"，主要包括人民警察的工作证等能够表明其工作身份的有关证件。本款第1项规定的"对有违法犯罪嫌疑的人员，需要查明身份的"情形，主要是公安机关的人民警察依法执行维护社会治安秩序职务中遇到的情形，根据《人民警察法》第9条规定，公安机关的人民警察对有违法犯罪嫌疑的人员，经出示相应证件，可以当场盘问、检查，因此，查验其居民身份证是盘问、检查的重要内容。

可以发现，法律明确规定了可以查验身份证的几种情形，警察并非随意得查公民的身份证。

二、警察查验公民身份证，是否需要出示证件？

关于这个问题，《居民身份证法》上述条文和全国人大的释义已经解释得非常明确。但是不少朋友还是用以下的条文来进行反驳，但这些辩驳基本上是站不住脚的。

1.《人民警察法》第23条规定："人民警察必须按照规定着装，佩带人民警察标志或者持有人民警察证件，保持警容严整,举止端庄。”这里“佩带人民警察标志”与“持有人民警察证件”之间用的是“或者”。于是不少朋友认为这个就可以作为查验身份证可以不出示证件的依据。

首先,该条属于此法“第三章义务和纪律”之下,属于义务性规范,而不能作为主动行使职权时的授权性依据。

其次,《人民警察法》第 9 条明确给出了行使职权进行盘问检查时出示证件的程序:“为维护社会治安秩序,公安机关的人民警察对有违法犯罪嫌疑的人员,经出示相应证件,可以当场盘问、检查。”

2.《公安机关人民警察盘查规范》第 4 条规定:“民警执行盘查任务时,应当着制式服装;未着制式服装的,应当出示人民警察证;应当向被盘查人敬礼并告知:‘我是 × × ×(单位)民警,现依法对你进行检查,请你配合。’经盘查排除违法犯罪嫌疑的,民警应当向被盘查人敬礼,并说‘谢谢你的合作’,礼貌让其离去。”

这个规范里出现了盘查任务时可以在着制式服装时不出示警察证的语句,不过需要注意法律规范出现矛盾时的具体适用问题,从效力等级、一般特别事项关系、制定时间先后等法律适用的几条原则来看都不应予以适用。

首先,这个规范是公安部的规章,其效力等级低于《人民警察法》和《居民身份证法》,上位法应优先于下位法进行适用。

其次,从行使职权事项的性质而言,查验身份证属于盘查事项中的一项特殊事项,既然《居民身份证法》对查验程序有明确规范,那么当然应该适用特殊事项的具体要求,此即特别法优于一般法的要求。

最后,从上述规范制定的时间先后来说,公安部《公安机关人民警察盘查规范》制订于 2008 年 11 月;而《人民警察法》最新修订的时间是 2012 年 10 月,《居民身份证法》是 2011 年 10 月修订的。可以看出后边两部法律制订的时间在后,此即所谓新法优于旧法原则。

3. 还有人举了《公安机关人民警察现场制止违法犯罪行为操作规程》,说里面没有提到出示证件,可是这个规范的名称,包括规范第 1 条就明确说适用的是公安民警现场制止违法犯罪行为及相关处置活动,不能适用于不涉及现场制止违法犯罪行为的场景。

三、警察是否可以仅仅因为公民未带身份证就将其带至警局进行盘问?

对此问题,《人民警察法》第 9 条也规定得非常明确:"为维护社会治安秩序,公安机关的人民警察对有违法犯罪嫌疑的人员,经出示相应证件,可以当场盘问、检查;经盘问、检查,有下列情形之一的,可以将其带至公安机关,经该公安机关批准,对其继续盘问:(一)被指控有犯罪行为的;(二)有现场作案嫌疑的;(三)有作案嫌疑身份不明的;(四)携带的物品有可能是赃物的。"

从以上的条文列举和分析可以看出,警察查验公民身份证的行为虽然看似寻常,但依然应当符合《居民身份证法》和《人民警察法》等法律法规的实体和程序要求。警察在法治社会的建设中任重权大,只有从小处着眼,才能更好地保障人权并构建和谐的警民关系。

法律恐难切断殡葬传统[*]

“活在北京，葬在河北”最近成为舆论热议焦点。北京市有关方面负责人回应，北京有便宜的墓地，但市民“不领情”“太挑剔”，挑大小、挑风水。他认为，应当出台《殡葬法》规范殡葬行为，同时破除殡葬旧习。

我个人不是很认同通过法律形式强行破除所谓殡葬陋习。殡葬问题有些类似于燃放鞭炮，牵涉现代社会应该如何对待传统，以及是否应该用法律方式强行改变传统的问题。

首先是正当性问题，祭祀先祖是人伦至理，古今中外概莫能免。英国著名思想家柏克说得好，“那些从不顾念先人的人，也永不会为后代考虑”。强行通过法律来改变这种对先人的纪念方式，恐怕不具有正当性。其

* 原载《新京报》2012年4月5日。

次是有效性问题,我们常说,存在的即是合理的。这句话其实是告诉我们,历史常常是无法说理的,传统具有强大的事实性力量。

如果出台了有关法律,大家普遍不去执行,或者执行成本非常大,那对法律公信力也是一种伤害。实际上,从更传统的土葬,到现在普遍的火葬,已经是一种很大转变。对很多中国人来说,先辈骨灰有个地方安放,灵魂才有安顿。尤其是中国正处于急速的转型期,快速地切断传统,恐怕并非好事。

当然,墓地使用可能会凸显土地利用问题,但几千年沿袭下来,墓地也并未扩张到挤占生者生存空间的地步。当下中国土地问题面临诸多体制性、商业性问题,但传统文化因素不应在各种利益考量过程中被忽视甚至牺牲。

“猫狗大战”之判决

最近一则关于“猫狗大战”的法院判决引起热议：2012年6月4日11时左右，肖某遛狗行至育仁里小区4号楼5单元时，一只流浪猫与肖某遛的狗打斗时将肖某抓伤，肖某当时未拴狗链。肖某认为是居住在育仁里二号院4号楼5门101室的乔某收养的猫将自己咬伤的。肖某为治疗花去医药费1815.75元、交通费70元。后经育仁里社区居委会工作人员调解，乔某承认确有此事。但提出，猫是流浪猫，乔某出于爱心喂过这只猫，被咬事主出言不逊，且踢了猫才被攻击。法院最终认定乔某承担一半责任。

法院判决称：“乔某的投喂行为既不同于对流浪猫的规范的救助行为，其自己又未采取任何措施控制相关危险的发生，故其行为是对公众共同利益的一种不合理地干涉及影响，此危险影响与肖某受伤之间存在因果联系。”笔者认为一般侵权责任证明不够充分。有家长制的感觉,救助者根本无可能预见和控制危险。社会效果也未必好。

作为生活在地球上的人类,我们仍应尊重所有与我们共同生存的动物的生命。既要倡导人道地对待动物,使动物免受不必要的杀害和额外的痛苦的观念,鼓励救助流浪动物的行为。此判决让一个善意喂猫的人因为狗主人没有拴狗链在狗猫“打架”后强行分开之时受伤而担责,怎么能鼓励救助流浪动物的行为?

英美侵权法中过失标准是理性人标准,最终取决于被告行为的“道德可谴责性”。汉德公式试图将此清晰化:损害可能性是 P,损害是 L,负担是 B,法律责任取决于 $B < P \times L$。此案中需考虑受伤者风险来源何处,是没拴狗绳、强行分开动物、物业容许猫进小区,还是喂食人的善意行为?判决必须考虑究竟损伤了什么。

很多人说流浪猫携带病菌,容易伤人,不应鼓励之类的话。问题在于,此案中原告受伤根本与流浪的性质没有多大关系,与所谓公共场所活动也没多大关系,也就是说,即便是家养的很乖的猫在和没拴狗绳的狗“打架”并被狗主人袒护的情形下强行分开也会伤人。因此,即便公共政策要抑制流浪猫,那也该换个方法。

在哥大法学院稀里糊涂旁听了一个学期侵权法，基本上全部忘光了，如今被不相干的猫狗“打架”唤醒了一点。不过话说回来，因为我养过狗，所以大多数猫狗“打架”我还是支持狗的。我至今还能记起小时候那只吃了死老鼠不幸逝去的小黑狗的凄切的眼神。

流浪猫该不该管、该怎么管是一个小区管理动物保护公共卫生等的社会秩序问题，在这些社会因素无能为力、无所作为之前，不能将问题责任推给一个弱小而善意的很不相干的个体。有人因为反感流浪猫就有意无意忽略此案具体受伤原因和“流浪”性质的猫毫无关系。人们声称尊重个人自由，但常常还是为家长制投了一票。

毛某某交通肇事案判错了吗?

甘肃省毛某某交通肇事案引发舆论热议。本案一审以交通肇事罪定罪但免予刑事处罚。甘肃省人民检察院认为该案一审判决明显过轻,并责成定西市人民检察院向同级人民法院提出检察建议,要求依法纠正原判错误。通过阅读本案一审判决书,我的看法是,此案的确量刑较轻,但是并未明显突破法律规定,其仍在法官自由裁量权范围之内。简单的说,本案可能判得较轻,但是难言判错。如果这样,那么纠正原判错误的基础何在,是否应以人民群众的公正感作为启动错案追究程序的依据便值得进一步讨论。

一、本案所涉的犯罪事实

根据本案一审判决书,本案查明的犯罪事实为:2017 年 9 月 4 日 4 时 40 分许,被告人毛某某醉酒驾驶牌照为陕A×××××号小型轿车沿陇西县巩某崇文路由东向西超速行驶，车辆行驶至恒力大厦附近路段时将正在城区道路上打扫卫生的陇西县综合执法局巩昌环卫管理站职工被害人宋某碰撞，致被害人宋某当场死亡。事故发生后，被告人毛某某拨打“110”电话报警。经陇西县公安局交警大队道路交通事故责任认定，本起道路交通事故中被告人毛某某承担全部责任，被害人宋某无责任。经甘肃陇通司法鉴定所司法鉴定检验，被告人毛某某血液中检出乙醇，平均含量为268.15mg/100ml。经甘肃明源司法物证鉴定所鉴定，被害人宋某符合交通事故致创伤性休克死亡。案发后，被告人毛某某与被害人宋某家属达成事故赔偿协议，被告人毛某某已按赔偿协议支付被害人家属丧葬费、死亡赔偿金等各项费用共计80万元，并取得被害人家属的谅解。

二、本案以交通肇事罪定罪是否不当

1. 本案是否可以定以危险方法危害公共安全罪

的确，有的醉酒驾车事例是可以定此罪的。最高人民法院《关于印发醉酒驾车犯罪法律适用问题指导意见及相关典型案例的通知》公布的两起案例即以此罪定罪量刑。但是，认定此罪必须采取严格的限制态度，因为此时的危险驾驶行为须达到与放火、爆炸等相当的具体的公共危险，且造成人身伤亡等严重后果。上述通知规定，行为人明知酒后驾车违法、醉酒驾车会危害公共安全，却无视法律醉酒驾车，特别是在肇事后继续驾车冲撞，造成重大伤亡，说明行为人主观上对持续发生的危害结果持放任态度，具有危害公共安全的故意。对此类醉酒驾车造成重大伤亡的，应依法以以危险方法危害公共安全罪定罪。但是本案当中，被告人是在凌晨4时许在道路上行驶，而且在发生交通事故之后马上报警，显然不应认定此罪。

2. 本案是否构成危险驾驶罪

当然构成，醉酒驾驶行为即构成此罪。虽然现任首席大检察官张军检察长此前在最高人民法院任职时曾经说过，不应仅从文意理解《刑法修正案（八）》的规定，认为只要达到醉酒标准驾驶机动车的，就一律构成刑事犯罪，还可以根据《刑法》第13条规定的原则，即危害社会行为情节显著轻微危害不大的，可以不认为是犯罪。但是本案中，已经造成一人死亡，当然不可能不构成犯罪。

3. 本案为何以交通肇事罪论处

因危险驾驶行为同时构成其他犯罪的，依照处罚较重的规定定罪量刑。危险驾驶罪的处罚是拘役并处罚金。交通肇事罪的处罚是3年以下有期徒刑或者拘役；逃逸或有其他特别恶劣情节的，处3年以上7年以下有期徒刑；因逃逸致人死亡的，处7年以上有期徒刑。此时的交通肇事罪是危险驾驶罪的结果加重犯。当然，如果本案中，致人死亡不是由于醉酒驾驶行为引起，而是由其他违反交通运输管理法规的行为引起的，则可能会对危险驾驶罪和交通肇事罪实行数罪并罚。虽然判决书并未明确回答这一点，但是至少可以判断，以交通肇事罪定罪是大致不错的。

三、关于量刑问题

1. 首先是法定刑的幅度。本案属于交通肇事的一般情形，没有逃逸情节，没有其他特别恶劣情节（如死亡2人以上则可构成）。因此法定刑幅度应为3年以下有期徒刑或者拘役。

2. 关于量刑起点和基准刑。根据最高人民法院《关于常见犯罪的量刑指导意见》，具有交通肇事罪一般情形的，可以在2年以下有期徒刑、拘役幅度内确定量刑起点。也就是说，从拘役1个月到有期徒刑2年都是符合法律规定的。考虑醉驾处罚幅度不一，从免予处罚到

6个月拘役都有案例，本案存在致人死亡情节，因此量刑起点不应低于6个月拘役。可能基准刑确定为8个月、10个月乃至1年有期徒刑也都是合适的。

3. 关于调节基准刑。本案有两个主要量刑情节，一个是自首，另一个是积极赔偿并获得被害人家属谅解。对于后者，根据最高人民法院《关于常见犯罪的量刑指导意见》，可以减少基准刑的40%以下，如果基准刑是10个月有期徒刑，那么可调节至6个月拘役，如果基准刑是8个月有期徒刑，可以调节至5个月拘役，如果基准刑是6个月拘役，那么可以调节至4个月拘役。也就是说，如果仅考虑第二个量刑情节，大致上4—6个月拘役的宣告刑都是合适的。然后考虑第一个自首情节，对于自首，法律规定可以从轻、减轻或者免予处罚，《关于常见犯罪的量刑指导意见》规定，可以减少基准刑的40%以下，对于犯罪较轻的，可以减少基准刑的40%以上乃至免除处罚。那么一个4—6个月拘役的犯罪是否可以说是犯罪较轻呢，我觉得是可以的。当然，这个可能有人不同意，有的法官也未必选择。但是问题的关键在于，这个是否是在法官的自由裁量权之内，我觉得答案是肯定的。当然，本案判决书的行文和推理可能还是有问题的，如果仅将自首认定为可以从轻，加上另外一个从轻情节,两个从轻情节并不能得出免除处罚的宣告刑。

4. 其他一些可以考虑的因素。交通肇事罪的处罚可能需要综合考虑价值衡量,是否有利于促使被告人积极赔偿,从而抚慰帮助被害人亲属;以及对醉酒驾驶者形成威慑,从而实现犯罪预防。根据 2017 年甘肃省交通事故赔偿标准,60 岁以下受害者的死亡赔偿金一般为:城镇居民死亡赔偿金 = 上年度城镇居民人均可支配收入 27763.4 元 × 20 年。本案中加上丧葬费等其他费用,80 万元在当地应该是一个不低或者至少可以接受的数额。这大概也是本案中被告人获得被害人亲属谅解的主要原因。有人认为,应该通过较重刑罚来严厉遏制醉酒驾车,有人认为应该鼓励被告人积极赔偿进而实现社会和谐,我认为这两种价值都是正当的,这恰恰也是法官自由裁量权的题中应有之义。

然而,本案中被告人的机关干部身份与被害人的环卫工人身份,经过报道和舆论发酵之后却进入了民众的法律推理和正义情感之中。交通肇事罪不是身份犯,但是本案却被塑造成了官员或者有钱人可以拿钱购买刑罚进而实现脱罪的案例。同时,办案人员是否和被告人之间存在某种不正当利益交换也受到公众质疑。

虽然,本案被告人也只是一般干部,同时也无证据表明本案存在其他不正当利益交换情况,以及本案如前所述也并未明显突破法律规定,其仍在法官的自由裁量权之内,然而,民愤极大的舆情却是司法需要回应的。民意本身就是足以影响司法并进入法律推理的因素。

辩护律师可否网上发帖揭露刑讯逼供问题

周某律师因在微博上发布所办案件侦查人员涉嫌刑讯逼供有关信息而被行政处罚一事引起法律界广泛关注。他的遭遇直观上事关这样的一般性问题:一个辩护律师,其发言是否应当限于法庭内,能否在网络上发表办案人员涉嫌刑讯逼供的信息?本文将主要讨论以下几个具体问题:第一,《宪法》上的基本权利条款,特别是第41条能否为周律师的行为提供权利基础;第二,现有的法律规定是否对周律师的有关行为构成限制;第三,周律师的行为是否合乎比例原则;第四,周律师的行为是否合乎法律的良善原则。

一、《宪法》上的基本权利条款，特别是第41条能否为周某的行为提供权利基础

1. 支持者包括周律师在其维权申请书中都援引了《宪法》第41条以下条文，也即“对于任何国家机关和国家工作人员的违法失职行为，有向有关国家机关提出申诉、控告或者检举的权利，但是不得捏造或者歪曲事实进行诬告陷害”。不过，反对者可能会从以下两点反驳：一是《宪法》说的是“向有关国家机关”，网上发言并非“向有关国家机关”；二是该基本权利的主体是“公民”，而非“律师”，虽然律师当然是公民，但律师执业是特殊公民的特殊活动，宪法和法律是否可对其予以特殊规范仍存疑问。

2. 关于第一点反对意见，其主旨在于反对者认为公民面对国家机关和国家工作人员的违法失职行为，只可以“向有关国家机关提出申诉、控告或者检举”，但是不能在网络上公开说。对此至少可以有以下的反驳：

第一，网上发言涉及“提出”的方式，并不必然与提出的“对象”构成逻辑上的互斥。“向有关国家机关提出申诉、控告或者检举”并不必然排斥通过网络的方式进行，也不必然排斥通过网络并且公开的方式进行。

第二,退一步说,第41条中的“中华人民共和国公民对于任何国家机关和国家工作人员,有提出批评和建议的权利”。并未排除网上批评和建议的权利。周律师的网上发言至少可以理解为对国家机关和国家工作人员进行批评的行为。

第三,结合《宪法》第35条以及有关的宪法解释的一般方法,第41条中对公民行为的列举,不应理解为对《宪法》第35条言论自由权利的限制。也就是说,面对不法行为,《宪法》第41条规定,公民“有”向有关国家机关提出申诉、控告或者检举的权利,不能理解为“只能有”向有关国家机关提出申诉、控告或者检举的权利。

3. 关于第二点反对意见,其主旨认为哪怕公民可以在网上这么揭露,但是辩护律师不可以这么做。对此至少可以有以下的反驳:

第一,辩护律师是不是《宪法》上基本权利的主体?我国《宪法》在第二章“公民的基本权利和义务”中涉及一些特殊主体的规定,如“劳动者”“军人”“母亲”“华侨”等,而并没有直接涉及律师,也没有涉及嫌疑人或被告人。因此嫌疑人、被告人及其辩护律师是否得依《宪法》上的基本权利条款主张权利似乎成为问题。但是首先,嫌疑人和被告人作为公民,当然拥有包括人身自由权(第37条"中华人民共和国公民的人身自由不受侵犯")、人格尊严权(第38条"中华人民共和国公民的人格尊严不受侵犯")等基本人权(第33条"国家尊重和保障人权")。换言之,嫌疑人、被告人拥有不被刑讯逼供的基本权利应无疑问。

第二,律师的辩护权是嫌疑人、被告人上述基本权利的派生基本权利,从权利属性而言仍然属于公民权而非团体权利或政府权力。特别是,由于辩护权的目的在于保障嫌疑人和被告人人权等基本权利,因此面对强大的国家,对其的有限列举自然也不能解释为对未列举权利的否定或限缩。根本而言,律师在为嫌疑人、被告人辩护时,其不仅拥有《刑事诉讼法》或《律师法》上作为律师的特定权利(例如阅卷权、会见权等),而且当然也可以代为行使嫌疑人、被告人作为公民的《宪法》上基本权利(如第35条的表达权,第41条的申诉、控告、检举权等监督权),同时也并未放弃自身作为公民的宪法上基本权利。也正因如此,律师法才规定律师除了要"维护当事人合法权益",还要"维护法律正确实施,维护社会公平和正义"。也就是说,律师对于辩护权的行使不仅不排斥作为其代理嫌疑人、被告人行使宪法上的基本权利(如《宪法》第41条),甚至更进一步，辩护律师的辩护权也天然地包括了《宪法》第41条等基本权利。

二、现有的法律规定是否对周律师的有关行为构成限制

1.《宪法》上的可能限制。权利存在边界，基本权利也并非一定不可予以限制。对《宪法》上基本权利予以限制大致可以分为“概括限制”和“个别限制”两种方式：

首先是概括限制条款，主要是指《宪法》第51条：“中华人民共和国公民在行使自由和权利的时候，不得损害国家的、社会的、集体的利益和其他公民的合法的自由和权利。”

其次是个别限制条款，比如各个单项基本权利中的特殊限制条款。具体到《宪法》第41条，其限制条款即是“但是不得捏造或者歪曲事实进行诬告陷害”。

上述对基本权利的限制条款事实上可以作为周某案中解释和分析《律师法》《律师执业管理办法》时的基本依据。也就是说，如果要对周某的行为进行限制，首先就要看一看他是否“损害国家的、社会的、集体的利益和其他公民的合法的自由和权利”，以及是否“捏造

或者歪曲事实”。如果没有,那么,周某的行为很大可能即属于其《宪法》上的基本权利,不应被限制甚至被惩罚。

2.《律师执业管理办法》上的有关规定是否构成限制?

《北京市朝阳区司法局行政处罚事先告知书》认为周某的行为违反了《律师执业管理办法》第38条第4项的规定。

第38条第4项:律师应当依照法定程序履行职责,不得以下列不正当方式影响依法办理案件:(四)违反规定披露、散布不公开审理案件的信息、材料,或者本人、其他律师在办案过程中获悉的有关案件重要信息、证据材料。

关于本条的解释路径,至少有以下几点值得考虑:

第一,首先是周某的行为影响的对象究竟是否是“依法办理案件”?实际上通过前述宪法条款即可作出明确的解释。我们的《宪法》和法律非常明确地提出尊重和保障人权,从未说刑讯逼供是“依法办理案件”的组成部分,也未说对刑讯逼供的揭露或控告、检举等影响“依法办理案件”。

第二,其次是“影响”。到底是“意图”影响,还是

“实际”影响,如果实际影响了,其影响后果如何?危害性如何?对违法行为的认定及其惩罚,需要进行实质性判断。

第三,“本人、其他律师在办案过程中获悉的有关案件重要信息、证据材料”是否首先必须是法律所保护的法益,如果不是法律保护或应该保护的法益,那么有关信息不应构成“有关案件重要信息、证据材料”。证据是“可以用于证明案件事实的材料”(《刑事诉讼法》第50条),而刑讯逼供的事实是可以用于证明案件事实的材料吗?显然不是。是应予保护而不泄露的重要信息吗?当然也不是。

第四,违反了什么“规定”?许多论者已经指出,此处的规定实际上是《律师办理刑事案件规范》第37条,该规范是行业性规范,不能作为行政处罚的依据。也许反驳者会说,我这里援引的是《律师执业管理办法》,但是如果未能证成究竟违反了什么法律、行政法规或规章上的什么规定,则可能构成循环论证。

第五,究竟影响了“谁”依法办理案件?何谓“不正当方式”?本案的投诉主体是合肥市公安局,理论上似乎应是影响了其办案。但是正如其他人已经指出的,周某发表该帖子时侦查早已终结,合肥市公安局投诉多少有些莫名。我要补充的是,《律师执业管理办法》该条文至少在文本上没有包括包括公安人员,理由是:律师执业管理办法的立法依据是《律师法》,该条文实际上是对于《律师法》第40条第5项的具体落实:

第40条第5项:律师在执业活动中不得有下列行为:(五)向法官、检察官、仲裁员以及其他有关工作人员行贿,介绍贿赂或者指使、诱导当事人行贿,或者以其他不正当方式影响法官、检察官、仲裁员以及其他有关工作人员依法办理案件。

实际上,从以上条文也可看出,关于何谓“不正当方式”,应该是类似于“行贿,介绍贿赂或者指使、诱导当事人行贿”等方式,如果是揭露不法行为,维护法律正确实施,何来“不正当方式”?

第六,从《律师法》第31条中可以看出,律师应当维护的不仅是嫌疑人、被告人的诉讼权利,也应当维护他们的其他合法权益。(《律师法》第31条:律师担任辩护人的,应当根据事实和法律,提出犯罪嫌疑人、被告人无罪、罪轻或者减轻、免除其刑事责任的材料和意见,维护犯罪嫌疑人、被告人的诉讼权利和其他合法权益)因此,其辩护权的行使也当然不一定必须局限于庭内或诉讼内,而可能及于其他。例如,就被告人涉案的名誉问题,是否可以接受记者采访？虽然没有《刑事诉讼法》或《律师法》上的明确依据，但当然应该是可以的。特别是，个别办案机关经常会利用媒体提前报道甚至渲染案件，甚至违规让媒体会见采访嫌疑人、被告人，为了平衡，辩护律师当然也有权相应采取某些措施消除影响。

三、周某的行为是否合乎比例原则

有的学者认为比例原则可以应用于法律上的各种场合。在刑事诉讼中，律师的主要活动领域当然首先应在庭内或诉讼内，如果一味强调庭外，那么的确有可能会影响庭内的正常诉讼活动，或者构成“炒作案件”。但是问题的关键是，周某的行为是这样的吗？

1. 首先，周某的行为是节制的。他的有关发帖（包括视频或文字）只牵涉侦查人员的不法行为，而并未涉及案件的实质性事实或证据等内容。

2. 其次，周某发帖的确也是情非得已。涉黑案件，已经经过一审，二审如无意外不会开庭。我们不妨扪心自问，他能找到什么更好的方式来“维护法律正确实施”？

四、周某的行为是否合乎法律的良善原则

这是最后也是最为重要的一点，法不应向不法低

头。对法律条文的解释不能脱离良善的价值。所有的个案都映见一般性规则,所有的解释都体现了价值观。我们究竟要倡导一种什么样的价值观?我们究竟是否鼓励刑讯逼供?我们究竟是否在认真践行“努力让人民群众在每一个司法案件中感受到公平正义”?

说话之前与说话之后

——关于是否提高收买被拐卖妇女儿童罪的刑期问题的思考

关于是否提高收买被拐卖的妇女儿童罪的刑期问题近来成为法律界乃至一般大众的热议话题。众多学者和网友的观点文字,展现了对问题的细致思考和对当事人的真诚同情,让人在智识上获益,也让我深受感动。面对这样的公共话题,虽然诸位令人尊敬的同行有珠玉在前,我也忍不住想把自己的一些零碎学习感想简单写出来,不系统也不成熟,因此我也愿意随时因学习和讨论的深入择善从之并改变立场。我想,只要大家还能够说,还愿意说,那至少说明我们不仅是法律文件上的共同体,还是生活世界中的共同体,而问题也终究可能因讨论而被关注、改变乃至解决。或者,至少我们觉着事情终究会变好,而希望本身当然也是重要的。

1. 当下讨论的问题关涉什么,为什么重要?赵晓力教授写过一篇篇幅不长但发人深省的文章《民法传统经典文本中"人"的观念》,讨论了《法学阶梯》《法国民法典》《德国民法典》等经典法律文本中人的形象问题、立法者对人的态度问题,我在每年给学生开的阅读文献中也将其列入。另外,星野英一写过《私法中的人》,福柯的《规训与惩罚》也讨论了不同时代国家刑法中人的形象问题,等等。因为这些文章著作的启发,国内也早已有关于刑法上人的形象的种种讨论。简单罗列这些文献,我是想借机说,当下我们讨论的关于拐卖妇女儿童的刑事立法问题,表面上是一个具体刑事立法政策的讨论,但实际上关涉的是,我们的刑法和立法者如何对待人的问题。我们究竟是把人当作劳动工具、生育工具、传宗接代工具,还是把人更视为生于天地之间的自由平等的有尊严的活生生的人本身,其中有着根本的不同。这实际上和婚姻、生育、劳工等法律政策中折射出的如何对待人的问题是相似甚至相同的。同时,虽然立法者的态度当然反映了民众的态度,甚至什么样的政府就意味着有什么样的人民,但立法者究竟是亦步亦趋民众的想法,还是弘扬某种价值引领民众的想法(当然,我不是说弘扬和引领就一定是好的),这其中依然蕴藏着很大的不同和张力。

2. 彭錞老师写过一篇非常细致的综述性文章《收买被拐妇女刑责之辩:他们到底在争什么》,其中一个总结是,认为“提高派”和“维持派”双方的争议“不在于思考法律问题应采道义论还是功利主义立场”。不过,争议实际上是否在于这一问题,争议的参与者是否以为自己争议的问题是什么,这可能是两个问题。实际上,提高派,包括王锡锌、罗翔、黎敏几位老师,还有斯伟江、金宏伟两位律师等,似乎都一直在强调人是目的而非手段这些道德律令,人的尊严和自由不可侵犯、不可物化、不可买卖这些基本原则,他们大致上也认为由这些律令和原则可以推出问题的结论。

3. 罗翔老师关于人与动物和植物的对比,例如,买鹦鹉和买人之间的刑期比较,是一个符合很多人情感共鸣和道德直觉的论证。虽然柏浪涛教授认为不同恶行及权益之间无法进行比较,但刑法关于不同罪行和刑责的设置,本身就是在进行比较、约束和权衡。如果说买人和买鹦鹉因为侵犯的权益和性质不同,就不能进行比较,那么,杀人和杀鹦鹉,侵犯的权益也属不同,是否也不能加以比较?这一比较本身,当然免不了人类中心主义,但刑法本身就是人类中心主义的产物,人类的刑法当然应该也事实上首先保护人。退一步而言,即便该问题上存在权益乃至信仰上的不可通约问题,但我仍相信可以借由比较法上的列举、伦理学上的阐释以及接下来程序上的民主过程来凝聚共识和解决分歧。不过,即便人们普遍接受买人的恶超过买鹦鹉的恶这一结论,似乎从逻辑上仅能推出买鹦鹉和买人两种行为及其刑罚之间的对比问题,能否直接得出卖人和买人之间刑期对比问题的答案仍存疑问。

4. 因此,虽然罗翔、黎敏等老师的文章让我很受教益,其文中流淌着的浩然之气令人感动,但细细分析他们的文章,似乎并未明确给出买卖同罪同罚(或者提高收买行为刑责)的内在理据。(罗翔指出:"我一直主张提高收买被拐卖妇女、儿童罪的刑罚,实现形式上的买卖同罪同罚,这无关热点还是冰点。")从他们着力阐述的道义论和功利论两种不同的刑法价值视角区分似乎并不能必然得出买卖二者应同罪同罚。简言之,承认人不能买卖、人是目的而不是手段、人的尊严不可化约度量等这些道德律令和基本原则都并不意味着能够得出买卖应该同罪同罚。因为在定罪问题业已确定的情况下(《刑法修正案(九)》已将收买被拐妇女儿童行为一律纳入犯罪),刑期问题只是一个对于恶的程度的度量问题,而非对于恶的性质的判定问题。

5. 刑法理论上的共同对向犯理论似乎也不能得出确凿唯一结论。例如,受贿、行贿的刑罚差别甚大;卖淫嫖娼行为也涉及人的身体的买卖问题,但是不少国家地区对二者的态度也不尽相同;与买卖人口行为密切关联的国际公约《废止奴隶制、奴隶贩卖及类似奴隶制的制度与习俗补充公约》也着力于贩卖行为而非收买行为;等等。简单总结来看,共同对向犯的理论中,无论是各国立法例还是学者们学说,似乎也未能得出一致的结论。

6. 刑法体系本身似乎也蕴含了买卖人口不同罪同罚的逻辑可能。既然买卖人口中可能存在不同的行为,比如基于牟利的需求、基于劳动力的需求、基于利用人的器官的需求、基于性的需求、基于娶媳妇的需求、基于拥有孩子的需求,等等,因而不同的卖人之间,不同的买人之间,恶的程度以及刑期当然可能也应该不同,(与车浩教授提到的被解救的姜戈的例子类似,我的朋友鲁楠教授提到另外一个中国传统中的善意购买例子:贾府败落被查抄后,奴婢都被拉出去卖,有人为了解救袭人而出钱买下),既然各种买人的行为之间、各种卖人的行为之间恶性不同,那么买和卖之间为何恶的程度以及刑期就一定相同？

7. 论者如果进一步说没有买就没有卖，因而只有二者同罪同罚才能彻底禁绝这类现象，那么似乎仍然进入到了有关修法是否以及在多大程度上有利于减缓、终结买卖人口这类恶行的问题域中。而当我们这样思考问题之时，似乎就已悄然离开了道义论的论证逻辑，而进入到功利论的思路之中。由此，正如阿马蒂亚·森认为的，正义与否的问题，仍然要与该种正义的后果论思维联系起来。

8. 以车浩老师为代表的另一方也未能说服我。为了论证法律对收买行为的惩罚本身已经够重了，他提出了犯罪预备说："整体评价来说，违背女性意愿的'买媳妇'行为，几乎是天然地内含了强奸罪、非法拘禁罪、故意伤害罪等重罪的内容。没有这些重罪内容的'买媳妇'，几乎无法想象。在这个意义上，我认为，收买被拐妇女罪，甚至可以被评价为是强奸罪、非法拘禁罪、故意伤害罪等重罪的预备犯。"但这个理论至少存在三个方面的问题：第一，从逻辑上讲并不周延，很大可能包含后续强奸等罪，但是并不必然乃至天然包括强奸等罪，因为妇女在被拐之后改变心意想好好过日子的情形也所在多有；第二，从对该罪名的解释力上讲也并不完备，因为至少没有包括收买被拐儿童尤其是男童的情形;第三,车老师称司法上因种种原因较少追究后续重罪,不能把板子打在立法上面,但如果明知很大可能沦为具文,那本身就说明了立法试图在放纵有关行为,因此依然不能推出立法本身没有问题。

9. 更进一步,车浩老师甚至对收买行为本身的“罪质”评价产生怀疑:“如果不同意我的解释,而是完全剥离后续的重罪内容,那么就收买行为本身来独立评价,还能剩下什么呢?人作为目的的尊严?人身的商品化?女性的物化?恕我直言,如果完全脱离开收买之后对女性的身心伤害,仅仅是一个金钱交易行为本身,难以体现出对这些价值的蔑视。因为在现代社会中,在一种按劳取酬的交易环境中,无论男女,出卖自己的脑力和身体的现象比比皆是。即使在合法婚恋的场合,大到权贵联姻的商业利益,小到丈母娘要的彩礼钱,都脱离不开金钱交易。就算是上个非诚勿扰或世纪佳缘的征友节目,哪怕是线下的媒婆,也要给介绍人费用。如果不考虑实际伤害,只考虑人的尊严不能被物化,只要关乎人身的商品交易就应当定罪,那至少卖淫嫖娼都应当犯罪化,而不仅仅是违法了。”实际上,车浩老师这个论证,某种意义上就是商品拜物教现象,所谓“钱蔑视人所崇拜的一切神,并把一切神都变成商品”。其潜台词是:人真的不能买卖吗,看看这么多的例子,难道人本身不已经成为商品了吗?对这个论证的评价,黎敏教授称之为“价值漂移”,我宁愿认为这是逻辑上的“滑坡论证”,这些例子还是走得太远了,至少,买卖劳动力和买卖人本身依然有着本质的不同。这个不同不仅仅是逻辑上的,而且更是历史上的、政治上的、社会心理上的。我们不能把时钟拨回到鲁滨逊或者大观园的时代来讨论问题。

10. 关于车浩所举的比如解救姜戈这样的善意购买行为,的确提醒我们要注意对不同购买行为的恶行进行区分和度量,但是能否由此得出一般意义上买人之恶小于卖人之恶的结论,从而构成不对买卖行为同罪同罚或者提高购买行为刑期的理由?在我看来仍然是不充分的。首先,这样的例子毕竟是极端条件下很少出现的情形,如果真的遇到,正如罗翔教授所言,可以利用《刑法》第 13 条的但书条款以及其他的解释技术予以解决;其次,我们也完全可以举出特定情形下卖人之恶可能小于买人之恶的例子:比如一个穷苦家庭因生活所迫,如果不将幼女卖掉不仅一家人活不下去,甚至孩子本身也很难活下去,而收买一方碰巧是有收养、欣赏女童癖好的富人(为了不触及车浩的预备犯理论,此处假定买方之后并未猥亵乃至强奸女童),在这个假想案例中,我们大概也可凭正义感认为卖方的罪责较小,而买方的罪责更大。那么,是否因这样案例的可能性,我们就一定要在立法上将拐卖妇女儿童罪的刑期降低呢?大概也很难得出这种结论。司法实践中,最高人民法院、最高人民检察院、公安部、司法部通过解释技术将此行为定义为“民间送养”行为,不以拐卖论处,但是限定了“收取少量‘营养费’‘感谢费’”这个条件,但是如果数额较大呢,如果卖方收受较多的钱是为了整个家庭活下去呢,那么立法是否因这样事例的可能出现而对拐卖行为轻罪化修改呢?我想答案依然应该是否定的。

11. 车浩所提的重刑激励迟钝单纯从一般理论上说当然可能存在,但是具体到拐卖妇女儿童这个问题,我认为是说服力不足的。如果立法上给予买卖人口行为道德律令般的禁止,而不给收买行为留有余地,是不是更好呢,或者至少,在道德上更为堂堂正正呢?如果说娶媳妇是刚需,那不被判刑保持自由身更是刚需。在两种刚需之间,可能恰恰因为现有立法上的轻罪设置与司法上的执法放纵共同导致威慑力不足,从而激励娶媳妇的欲望以刚需的名义被社会传播甚至部分认可。法律上的留有余地,就可能让人心存侥幸,而购买需求也会创造销售动机。值得注意的是，拐卖妇女儿童本质上与奴隶制是相似的，而法律经济学文献中有许多关于奴隶制最终消亡的解释，总体来看，例如巴泽尔所言，大致是保护这种制度所花费的成本已经超过其净收益。类似地，如果说娶媳妇、有孩子等所谓刚需的满足是净收益，那么就需要在制度上提高其获取该收益的成本。另一方面，娶媳妇、有孩子的需求当然是重要的，但是能否通过不合道德、减损人类尊严的方式来获得呢？当然不能。我认为立法应该传递更为明确清晰、斩钉截铁的信号。这一立法上的改变，既是基于法律经济学和刑法政策的功利主义考量，同时也当然符合道德主义立场。立法当然不能脱离民情，甚至在一定程度上受制于本土习俗，但当然可以而且应当倡导价值、引领风尚，从而塑造民情，面向未来。

12. 在思考这些问题的时候，我总在想美国禁止奴隶制以及黑人平权运动的艰难历程。在奴隶贸易盛行之时，1787 年美国宪法虽未明确禁止奴隶制，但对奴隶贸易加以限期至少表明在价值上认为其不正当（回避使用奴隶、奴隶制等字眼）；美国内战之后的几条修正案虽然仅仅在名义上解决了黑人奴隶问题，南方各州在事实上依然规避有关黑人平等权利的落实，但宪法上的文本解决也自有其重大实践意义;1954 年的布朗案判决结果,有人研究其实对黑人权利并没有产生直接效果,真正的解决依然要到民权法案通过之后,甚至这个判决在当时不免恶化了很多黑人的生存处境,但是今天没有人否认布朗案的伟大意义,那些大法官们的道德自觉和前瞻努力,依然值得万世景仰。因此,一个立法如果在道德上具有毫无疑问的善,那反对理由是否能够真正成立呢?因为,等待着一个事情时机成熟的最大可能就是一直等待,甚至永远等待。马丁·路德·金在其不朽名篇《寄自伯明翰监狱的信》中回应了类似的质疑,他说:This “wait” has almost always meant “never”。

13. 当然,话虽如此,审慎的立法过程仍然不得不进行利益权衡和时机考量。我的一个没有经过实证研究的粗糙判断是,如果要做改变,现在可能正是一个较好的时机。第一,就中国解决该问题的循序渐进过程而言,关于禁止奴隶制和贩卖人口的一系列国际公约我们早已无保留的签署,1979 年《刑法》确定拐卖人口罪,1991 年全国人大常委会决定将收买妇女儿童行为入罪,1997 年《刑法》增设相应罪名,2015 年《刑法修正案(九)》将收买行为一律入罪,最高人民法院、最高人民检察院、公安部一系列解释性文件也对有关行为予以细化

（比如出卖亲生子女、接受送养儿童等问题的区分规则等），实际上已经为全面彻底在立法上禁绝有关行为奠定了基础。第二，科技水平的进步以及政府治理、监控人口的能力增强，拐卖行为可能业已减少，同时基层执法动力和激励机制近些年来也发生了一些变化，修改法律面对的各种阻力正逐渐降低，因此，因修法而增加的成本包括增加解救之前被拐人口的成本可能正处于较低的状态。第三，随着社交媒体的兴起，民众对于拐卖收买妇女儿童行为更为痛恨，相应的权利意识更为自觉。第四，试管婴儿等生育技术的快速发展，特别是近来中国对生育政策的放宽，在一定程度上减少了拐卖儿童的买卖市场。第五，彭錞老师主张引入社会科学方法来分析修法产生的实际效果，虽然在理论上看起来不错，但在我看来并不容易施行，既因为信息的不完备以及不可能完备，也因为减少收买和解救被拐之间价值上本身就面临着能否以及如何权衡的难题，因此总体而言是否修法这可能依然是一个政治决断的问题。

14. 冰冻三尺非一日之寒。应当承认，拐卖妇女儿童问题牵涉众多，经济的、政治的、历史的、地理的、文化的，方方面面，纷繁复杂。立法修法工作只是其中未必最重要的一环。不过，由于中国全能型政府以及由政策到法律再到施行的治理特点,从立法工作开始继而由上至下进行动员始终是解决有关问题的现实逻辑。同时,由于个体的有限性,每个人也只能基于业已掌握的信息、专业、立场、情感出发来讨论问题,因此包括学者、律师在内关于修改法律的各种民间讨论当然具有重要价值,尽管有关参与者未必能够甚至当然不可能全面洞晓事情真相原委及其轻重缓急。好在如前所述,关于拐卖妇女儿童不正当性这一问题的道德判断其实已有共识,分歧只在于不同的解决方案和进路上。争论的各方,包括民众的各种意见和情绪,也许不是也不应该是非此即彼的。我们面对的问题可能一直都在,但在我们看到之前和看到之后,说话之前和说话之后,可能就有很大不同。一地之事如此,全国之事亦如此。因此,能就此问题说话,也许比说了什么话更为重要。而这也是我不揣冒昧写这些感想的原因。

同学来信：网上沟通怎么越来越难？

按：这是网络挨骂之后一位同学给我的信，让我心有戚戚，也想起了20世纪80年代初《中国青年报》刊登的著名来信《人生的路怎么越走越窄》，所以我就在征得这位同学同意之后把她的信发到这里，起了一个题目“网上沟通怎么越来越难”。

（之一）同学来信

仝老师：您好！

感谢老师拨冗打开这封邮件。我在大一下学期曾经有幸在外国法制史课上做过老师的学生，在阅读书单里的书目和聆听老师和同学的交流中度过了非常快乐的时光。老师是我法学学习路上重要的引路人，我因为微博遇到了觉得很难的问题，禁不住非常想请教老师的观点。但我也知道老师很忙,如果这封突兀的邮件打扰了老师,在此致歉。

得知发生在老师微博上的事情,前往围观,以指出最基本的逻辑问题的方式回复了一些我觉得匪夷所思的评论,然后被追着骂到筋疲力尽。最后我逃跑了,为了防止自己溺死在微博,我删掉了自己的所有发言然后修改了微博用户名和头像。

是否有些沟通本来就不可能?我试图和他们用简单的逻辑平和地交流,尽量(在我看来)保持礼貌和温和,甚至试图风趣一点,但我怀疑他们其实是逻辑学的扫地僧,因为每当我抓住一个明显的逻辑漏洞,他们总能飞快地创造出另一个,把没有逻辑也变成一种连贯的风格。他们用自己坚不可摧的思维模式理解别人的每一句话,把它们删去前后文断章取义曲解成自己的意思,然后用最仇视的态度去谩骂。

也许我们都过于傲慢,不管是站在所谓鸡蛋还是高墙的立场上,都是因为我们潜意识里觉得这个立场是高大的,我们站在上面,仿佛就彰显了我们的光明,所以才如此肆无忌惮。我们从没有真的同情该同情的人,保护该被保护的人,我们只是想彰显自己的正确然后打死对方。我惊奇地看着谩骂我的女孩转发"狭义民族主义带来的仇恨让人面目扭曲”这样的文字，想着为何她有如此看法却依旧不分青红皂白仇视着素昧平生的我以至于喷出满口脏话——这不是矛盾的吗？我也疑惑地看到有些看上去支持女性主义的人其实是偏见最深也最不愿意倾听别人哪怕一点点微弱的声音的人。似乎大家很容易记住一些形象生动的看似正义的口号，然后把它当作面具，继续肆无忌惮地对他人施暴。

多数人愿意讨论的似乎只是观点，只是站队，因为只是在比哪方（这时候只有两方）人多，哪方喊的响，哪方能够打倒对方——而没有丝毫空间留给事实和逻辑，哪怕是最简单的事实和逻辑。我阅读老师微博下方的评论甚至觉得很多人根本分不清观点、事实、逻辑分别是什么。但是无可否认的是，这样的人至少在一些社交软件上占据了大多数。我不认为试图把事实和逻辑纳入讨论是法律人的傲慢，我甚至斗胆觉得只讨论立场是多数潜意识里把自己当上帝的人的傲慢，但是讨论事实和逻辑的空间似乎不断在被挤压。

好像没办法和很多人交流了……我是否注定只能在有限的范围内安全地说话？这个范围会不会越缩越窄？当然确实没人想听我说什么，但在公开社交软件上表达自己的观点不被断章取义问候父母是否是我的权利呢……但这种权利似乎无法被保证。

以后谁还会在群情激愤的时候公开发表理智的声音呢？如果渐渐没有了，是否那些只问自己想喊的口号有没有占据全部空间，自己是否看起来足够高大的人可以发声而不被认证他是同类的人倾轧？他们会不会占领越来越多的空间……然后这种倾轧他人的车轮会不会终有一天会轧到所有人的身上……因为没人在乎真相只是把所有时间用在大张旗鼓地分辨谁是“异类”而谁不是，以及为了体现自己的光明高大需要打倒谁。

我真的感到害怕和绝望——大概是读书太少却想得太多吧，我都大二了最喜欢的书之一还是儿童小说哈利·波特系列。伏地魔回来后，只有哈利看见了他的复活。今天重读《哈利·波特与凤凰社》，书中大多数人都不理解哈利，甚至压迫他孤立他，读到他被折磨到整只手鲜血淋漓也绝不为了迎合别人而说谎的片段时，我居然泪流满面——也许幼年偶像哪里闪光是在长大后才意识到的。后来，当伏地魔大张旗鼓归来时，身负无数重担的他又被推成“救世之星”。即使在美好的魔法世界，似乎也很少有人在乎他真正经历了什么，多数人都只看到他们想看到的，凭借自己的偏见排挤或者追捧他。

我想生活在一个充满了分歧但大家一直致力于消弭、减少、搁置分歧，尽量友好相处的世界，而不是互相憎恨的世界里。原来以为所有美好的理想都可以实现，现在却怀疑如果不从基础教育就开始加倍努力，实现这一目标简直不可能。我曾经以为世界是自由的、美丽的，但似乎自由的空间会被各种边际挤压和限缩。无论我们到哪里，傲慢与偏见都会如影随形，我们既要处理自己的傲慢与偏见，又要面对他人的傲慢与偏见。这令懦弱的我简直失去勇气——无论我们想到什么，我们似乎都只能在一个很有限的圈子里较为安全地表达。最终，这个圈子会越来越小，囚禁我们自己的是人性黑暗的牢笼。微博评论下，还有一位网友嘲讽地问我和他们"唱唱反调"究竟是对下一代的保护有什么高见。我们应该怎样为下一代创造一个"即使仍旧充满分歧但大家一直致力于消弭、减少、搁置分歧，尽量友好相处的世界，而不是互相憎恨的世界"呢？

实在对不起，如此冒昧地把自己幼稚浅薄的观点投递到老师的信箱。如果造成不便，再次道歉！

学生敬上

（之二）我的回信

同学你好啊，真是非常感谢你的来信。虽然对你来说看起来满是困惑和烦恼,但是对一个能够听到这样困惑和烦恼的老师而言,这样的信件更是信任和温暖,显得多么珍贵。

我想我能够理解你,虽然我未必能够直接体验到你的痛苦。我大概是1999年开始上学校BBS的,后来又陆续上论坛、开心网、微博、微信等。这20多年来,我也眼见言论尺度越来越紧张,对话氛围越来越恶劣,观点立场越来越极端化,网络上的争论也越来越只问姿态乃至动机,不问事实和逻辑。我也在困惑,这究竟是为什么?是人们道德风尚自身变化了,是经济社会发展越来越不平等所致,还是网络技术条件的发展呈现乃至激发了人们天性中更多恶的成分?我也不知道。

然而这样的氛围是否意味着沟通的不可能?或许也不尽然。我相信很多人(如果不是多数人)是可以沟通的,只要展现足够的理性和善意。就像你和我,你和很多朋友之间。这次因为我在网上的发言,我也收到不少朋友的来信,他们都表示了理解和支持。我想这就是沟通。哪怕是和意见相左的朋友,只要能够保持风度礼貌,我想依然意味着沟通。例如很多朋友在这个问题上并不完全支持我,他们认为我缺乏对女孩的共情,我仔细检讨,也许是有的。因此,冲突或者深陷沟通不能的时候，或者我们也可转而想到，这样的氛围或者更容易让我们找到同类，或者更容易让我们理解世界的丰富多彩和参差不齐，那也许也是很好的。你表达了对未来的担心，你说“以后谁还会在群情激愤的时候公开发表理智的声音呢？”也许吧，但是正因为这样，我们也许才更需要表达，“when they go low, we go high”。

不要感到害怕和绝望，我想不是你自称“因为读书太少而想得太多”的原因。或者正因为正值青春年少，而这时候最关心社会和未来。年岁越长，则可能越麻木、越自私。所以换种眼光，也许你反而应该珍视你的感受。像你喜爱的哈利·波特那样，不正是经历了许多，才最终战胜伏地魔吗？《约翰·克里斯朵夫》的扉页献辞里有句话，年轻的时候我经常用来鼓励自己和别人，最近的一次我是在广州的一个看守所里用来安慰一个高学历的被告人，她也很感动。我也想写给你：“真正的光明绝不是永没有黑暗的时间，只是永不被黑暗遮蔽罢了。”

“我想生活在一个充满了分歧但大家一直致力于消弭、减少、搁置分歧，尽量友好相处的世界，而不是互相憎恨的世界里。”你说得真好，我想那也是我的理想。

另外，我要向你抱歉的是，我回信可能晚了一些，我之前一直没找到一个合适的回信时间。祝你读书愉快，学习进步。

另外，我不知道可否在隐去你姓名的前提下把你和我的信发在外面？因为我想你的困惑和思考可能也具有公共意义。

（之三）同学回信

仝老师好：

这封信当然可以发出去，只是如果可以，可以拜托老师把"……"这一段内容隐去吗？（或者不隐去也可以，但是我写了这段话完全是由于偏见，因为尊重和接纳的习惯或许与表面上所展现出的学历、外表等并没有直接联系。况且，这对在被提到学校就读或就读过的同学来说也不公平）

我也想了很多。老师第一条微博下的最高点赞评论是"不要求完美受害者"，这恰恰是老师的观点，却被他们用来攻击老师"强求完美受害人"。也许大多数人连这段话的意思是什么都没有读明白，也不愿意花一点时间尊重别人的文本。如此种种，或许不必再纠结，因为微博并不是这个世界的全部，我们还有很多事要做，去改变，去创造，去保护。这次也提醒我，不要花过多时间在网络上，不要花全部精力去怜悯一两个新闻里特定的人。关注身边的人，关注我们能改变的事情。更有价值的目标是，更加关心我的朋友、家人，更加努力读书，用我的所学以后继续老师们为之奋斗的法律事业。我的确觉得这是个很棒的目标，那就继续前行吧。

祝老师出差旅途顺利，保护好自己的健康。祝好！